Gewaltprävention **in der** Kinder- und Jugendhilfe

Gewaltprävention in der Kinder- und Jugendhilfe

Herausgeber
Friedhelm Evermann
Kurt Thünemann

Jugendhilfe St. Elisabeth
Jugendhilfeeinrichtung
Kath. St.-Johannes-Gesellschaft Dortmund gGmbH

win2win® gGmbH
Gesellschaft für Prävention

Dies ist ein von Jugendlichen gestaltetes Motiv aus der Postkartenserie
„Würde gern anders …", Postkarten für Respekt und gegen Gewalt.
(Eine Aktion der Jugendhilfe St. Elisabeth Dortmund in Zusammenarbeit mit der win2win-gGmbH Oldenburg)

Gestaltung: Christian Sonnhoff
ISBN 978-3-941710-11-5

INHALTSVERZEICHNIS

	Vorwort	9
1.	Einleitung	11
2.	Historische Entwicklung der Jugendhilfeeinrichtung	15
2.1.	Leitbild	17
2.2.	Leitlinien erzieherischen Handelns	19
3.	Anforderungen und Erwartungen des Trägers an die Mitarbeitenden	21
4.	Was verstehen wir unter Gewalt	25
5.	Prävention	31
5.1.	Umsetzung des Gewaltpräventionskonzepts in der Jugendhilfe St. Elisabeth	34
5.2.	Regeln	37
5.2.1.	Regeln des Zusammenlebens zur Vermeidung von Gewalt	39
5.2.2.	Regeln für Mitarbeitende	41
5.3.	Prävention in der aufsuchenden Arbeit	43
5.4.	Beschwerdemanagement	45
6.	Handlungsabläufe bei Grenzverletzungen/Übergriffen	46
6.1.	Handlungsablauf bei vagem oder begründetem bzw. erwiesenem Verdacht auf Grenzverletzung, Übergriff oder Straftat durch Mitarbeitende	48
6.2.	Handlungsablauf bei vagem oder begründetem bzw. erwiesenem Verdacht auf Grenzverletzung, Übergriff oder Straftat durch Kinder/Jugendliche	50
6.3.	Handlungsablaufbei Verdacht auf sexualisierte Gewalt	53
7.	Anhänge	55
8.	Literaturverzeichnis	86

Dies ist ein von Jugendlichen gestaltetes Motiv aus der Postkartenserie
„Würde gern anders ...", Postkarten für Respekt und gegen Gewalt.
(Eine Aktion der Jugendhilfe St. Elisabeth Dortmund in Zusammenarbeit mit der win2win-gGmbH Oldenburg)

VORWORT

Mit der Herausforderung, ein Gewaltpräventionskonzept zu erarbeiten, ging in der Jugendhilfe St. Elisabeth die Weiterentwicklung der Partizipation von Kindern, Jugendlichen und jungen Erwachsenen, die durch die Einrichtung betreut werden, einher. So lag es nahe, die jungen Menschen ebenso wie die Mitarbeitenden in den Entwicklungsprozess zur Gewaltprävention einzubeziehen. Dies geschah durch mehrere Workshops, in denen Betreute, Mitarbeitende und Leitungsverantwortliche gemeinsam an den verschiedenen Themenfeldern arbeiteten.

Neben den wichtigen Ergebnissen dieser Workshops, die in das Konzept eingeflossen sind, waren diese gemeinsamen Arbeitsphasen eine interessante und wichtige Erfahrung für alle Beteiligten. Dass diese gemeinsamen Arbeitsphasen gut und effektiv verliefen, ist der fachkundigen Leitung und Moderation der win2win-gGmbH, Gesellschaft für Prävention, zu verdanken. Neetje Brandt, Kurt Thünemann und Frank Stöckler haben es verstanden, die Sichtweisen von jungen Menschen und Mitarbeitenden der Einrichtung erkennbar werden und diese in gleichberechtigter Weise in das Konzept einfließen zu lassen.

In Neetje Brandt und Kurt Thünemann hatte dann der gesamte Erarbeitungsprozess zwei Moderatoren, die die Projektgruppe von Mitarbeitenden und Leitungsverantwortlichen durch den gesamten Erarbeitungsprozess führten. Durch die Workshops und die Arbeitssitzungen der Projektgruppe ist eine Menge an Ergebnismaterial entstanden, welches über die Grundlagen und Handlungsanweisungen für ein Präventionskonzept hinausging. Im nun vorliegenden Konzept wird auch der gesamte Erarbeitungsprozess sichtbar. Dieses war und ist der Projektgruppe so wichtig, dass der Entschluss gefasst wurde, dieses so verstandene Konzept als kleines Praxisbuch zu veröffentlichen.

Achte die Grenzen eines jeden Menschen

Die Verfahrensanweisungen und Handlungsorientierungen des Konzeptes werden als Präventionsmaßnahmen ins Intranet der Kath. St.-Johannes-Gesellschaft Dortmund gGmbH in der je aktuellen Fassung eingestellt.

So ist die Möglichkeit einer kontinuierlichen Weiterentwicklung gegeben und gleichzeitig bleibt mit der vorliegenden Veröffentlichung der Erarbeitungsprozess in guter Erinnerung.

Allen Kindern, Jugendlichen und Mitarbeitenden, die sich in den Workshops engagiert haben, allen Mitgliedern der Projektgruppe und dem Team der win2win-gGmbH sei herzlich gedankt für die kreative Mit- und Zusammenarbeit. So ist das Konzept wirklich ein Werk vieler Menschen geworden.

Vor der Veröffentlichung haben neben den intern Beteiligten einige externe Fachleute und Vertreter des Trägers den Entwurf gelesen und wertvolle Rückmeldungen gegeben. Dazu sagen wir herzlichen Dank: Birgit Averbeck, Dr. Klaus Esser, Dr. Michaela Gross, Bernd Kirchbrücher, Werner Meyer-Deters, Günther Nierhoff und Raimond Pröger.

Februar 2013
Friedhelm Evermann, Einrichtungsleiter

Mitglieder der Projektgruppe:
Andrea Dudek, Friedhelm Evermann, Gabriele Hoffmann, Simone Kieren, Marc Künzel, Dirk Meier, Horst Nebelsiek, Sabine Ostfeld, Ludger Sommer, Detlef Sporenberg, Annick Tombrink, Stefan Wehrmann.

Teilnehmer an den Workshops:
Kinder/Jugendliche: Katharina, Lea, Marvin und Marvin, Max, Nico, Sarah, Sear, Sebastian, Vanessa, Viviane.

Mitarbeitende: Andreas Bettermann, Mathias Burchardt, Nadine Löck, Katja Verlande, Claudia Wille.

1. EINLEITUNG

Die Kenntnis über Gewalterfahrungen, die junge Menschen in Heimen erlitten haben, und die bekannt gewordenen Fälle von sexuellem Missbrauch an jungen Menschen fordern Einrichtungen und Dienste zum Handeln heraus.

Die Vermeidung von Gewalt und Missbrauch an jungen Menschen ist Grundprinzip unseres pädagogischen Handelns. Um dieses zu gewährleisten, wurde in der Jugendhilfe St. Elisabeth das vorliegende Konzept zur Gewaltprävention erstellt.

Die Deutsche Bischofskonferenz hat eine Rahmenordnung zur „Prävention von sexuellem Missbrauch an Minderjährigen im Bereich der Deutschen Bischofskonferenz" verabschiedet, die 2011 in Kraft getreten ist. Diese Rahmenordnung verpflichtet unter anderem auch die kirchliche Kinder- und Jugendhilfe zur Ausführung.

In der Rahmenordnung heißt es:

„Die Prävention von sexuellem Missbrauch ist integraler Bestandteil der kirchlichen Arbeit mit Kindern und Jugendlichen. Als Grundprinzip pädagogischen Handelns trägt Prävention dazu bei, dass Kinder und Jugendliche in ihrer Entwicklung zu eigenverantwortlichen, glaubens- und gemeinschaftsfähigen Persönlichkeiten gestärkt werden. Diese Rahmenordnung verpflichtet alle, die im Bereich der Deutschen Bischofskonferenz für das Wohl und den Schutz von Kindern und Jugendlichen Verantwortung und Sorge tragen. Bereits psychische und physische Grenzverletzungen sollen vermieden und Voraussetzungen dafür geschaffen werden, dass das Wohl und der Schutz von Kindern und Jugendlichen aktiv gefördert werden. Dazu müssen auch manche bereits vorhandene Initiativen weiterentwickelt werden. Unterschiede bei den Bedarfs- und Gefährdungslagen von Mädchen und Jungen verlangen bei allen Präventionsmaßnahmen eine angemessene Berücksichtigung."

Die Jugendhilfe St. Elisabeth in Dortmund nimmt diese Rahmenordnung zum Anlass, sich nicht nur mit der Prävention von sexuellem Missbrauch, sondern mit der Prävention jeglicher Gewalt in ihrer Einrichtung vertiefend zu beschäftigen und ein praxisnahes Konzept unter Beteiligung von Kindern und Jugendlichen zu entwickeln.

Das Bundeskinderschutzgesetz verpflichtet die Träger der öffentlichen Jugendhilfe im § 79a außerdem zur Qualitätsentwicklung. Dort heißt es wörtlich:

„Um die Aufgaben der Kinder- und Jugendhilfe nach § 2 zu erfüllen, haben die Träger der öffentlichen Jugendhilfe Grundsätze und Maßstäbe für die Bewertung der Qualität sowie geeignete Maßnahmen zu ihrer Gewährleistung für
1. die Gewährung und Erbringung von Leistungen,
2. die Erfüllung anderer Aufgaben,
3. den Prozess der Gefährdungseinschätzung nach § 8a,
4. die Zusammenarbeit mit anderen Institutionen
weiterzuentwickeln, anzuwenden und regelmäßig zu überprüfen. Dazu zählen auch Qualitätsmerkmale für die Sicherung der Rechte von Kindern und Jugendlichen in Einrichtungen und ihren Schutz vor Gewalt. (...)“

Diesen Anforderungen kommt die Jugendhilfe St. Elisabeth unter anderem mit dem vorliegenden Konzept zur Gewaltprävention nach.

Die Anforderungen des Gesetzes verpflichten alle, die mit den jungen Menschen arbeiten und umgehen, zu einer Gewährleistung eines sicheren und geschützten Lebensraumes. Zwingend notwendig dafür ist ein grenzachtender Umgang zwischen den Erwachsenen, den Generationen, den Geschlechtern und den jungen Menschen untereinander. Das neue Kinderschutzgesetz will den Schutz von Kindern und Jugendlichen vor Verwahrlosung, Vernachlässigung, Gewalt und Missbrauch sicherstellen.

Mit der Erarbeitung des Konzeptes ging in der Projektgruppe die intensive Diskussion um „körperlicher Nähe und Distanz" einher. „Bei der Gestaltung von alltäglichen Beziehungen kann es nicht pädagogisches Ziel sein, dass Berührungen tabuisiert werden. Körperkontakt entspricht den existentiellen menschlichen Bedürfnissen nach Nähe, Ausdruck und Anerkennung. Körperkontakt aus Angst vor Missbrauch zu vermeiden, hieße, die entwicklungsfördernde Kraft, die in gelebter verantwortungsvoller Beziehung liegt, nicht anzuerkennen." [1]

---

[1] Handreichung „Prävention von sexualisierter Gewalt an Kindern, Jugendlichen und Erwachsenen" (2010) S. 17.

Dies ist ein von Jugendlichen gestaltetes Motiv aus der Postkartenserie
„Würde gern anders ...", Postkarten für Respekt und gegen Gewalt.
(Eine Aktion der Jugendhilfe St. Elisabeth Dortmund in Zusammenarbeit mit der win2win-gGmbH Oldenburg)

2. HISTORISCHE ENTWICKLUNG DER JUGENDHILFEEINRICHTUNG

Die heutige Jugendhilfe St. Elisabeth wurde als Waisenhaus 1857 gegründet. In der damaligen beginnenden Industrialisierung war eine Dortmunder Bürgerin, Franziska „Fanny" Schiffer, die treibende Kraft, ein Waisenhaus für Kinder zu eröffnen. Die wachsenden sozialen Probleme, Defizite in der gesundheitlichen und erzieherischen Versorgung von Kindern und Familien waren Auslöser für ihr großes Engagement.

Unterstützt wurde sie von Vertretern der katholischen Propsteigemeinde in Dortmund, die auch die Trägerschaft der Einrichtung übernahm. Die Gründerin hatte sich frühzeitig die Unterstützung bzw. die Beteiligung der Ordensgemeinschaft der „Barmherzigen Schwestern" aus Paderborn (Vincentinerinnen) gewünscht. Ab 1861 führten die Schwestern das Haus.

Die wechselvolle Geschichte war geprägt von stetigen Veränderungen, die Zahl der Betreuten stieg phasenweise auf 200 bis 300 junge Menschen an. Regelmäßige Um-, An- und Neubauten waren erforderlich. Mit den rechtlichen Rahmenbedingungen einerseits und den gesellschaftlichen Veränderungen andererseits veränderten sich auch die pädagogischen Aufgabenstellungen.

Eine besondere Phase der Differenzierung der pädagogischen Angebote begann mit dem Bezug des Neubaus in Niederhofen 1981. Der Schwerpunkt der Betreuung von Kindern (phasenweise in der Geschichte schon ab dem Säuglingsalter, durchgehend ab dem Alter von 3 Jahren) zieht sich durch die gesamte Geschichte. Die Betreuung von älteren Jugendlichen und jungen Erwachsenen entwickelte sich seit der Differenzierung in den 1980er Jahren zum Standard. Mit dem Inkrafttreten des SGB VIII zum 01.01.1991 wurde eine neue Phase der Differenzierung und Dezentralisierung der pädagogischen Arbeit und der Organisationsentwicklung eingeleitet.

Die Ordensgemeinschaft der Vincentinerinnen zog sich 1993 aus der Einrichtung zurück. Die Überführung der Einrichtung in die Trägerschaft der Kath. St.-Johannes-Gesellschaft Dortmund gGmbH war im Jahr 1998 ein wichtiger Schritt für die Weiterentwicklung der Einrichtung.

Weitere Einzelheiten zur Geschichte sind in der Festschrift zum 150-jährigen Jubiläum „Das Leben lernen" von Dr. B. Plaum, Dortmund 2007, nachzulesen. Die Festschrift orientiert sich in ihren Darstellungen auch an der generellen Entwicklung der Heimerziehung in Deutschland und stellt einen Zusammenhang der Einrichtungsentwicklung mit den jeweiligen gesellschaftlich geprägten pädagogischen Grundsätzen her.

Erläuterung
Leitbild
siehe Anhang
Seite 64/65

2.1. LEITBILD

Das Leitbild der Kath. St.-Johannes-Gesellschaft Dortmund gGmbH wurde erstmals 1999 von Mitarbeitenden der Gesellschaft erarbeitet und 2008 aktualisiert. Es dient der Orientierung und der Weiterentwicklung der täglichen Arbeit:

***In christlicher Gesinnung – zum Wohle aller –
Wirken von Mensch zu Mensch – für ein ganzes Leben.***

Dies ist ein von Jugendlichen gestaltetes Motiv aus der Postkartenserie
„Würde gern anders …“, Postkarten für Respekt und gegen Gewalt.
(Eine Aktion der Jugendhilfe St. Elisabeth Dortmund in Zusammenarbeit mit der win2win-gGmbH Oldenburg)

2.2. LEITLINIEN ERZIEHERISCHEN HANDELNS

Die Jugendhilfe St. Elisabeth hat zur Qualitätssicherung ihrer pädagogischen Arbeit bereits 2008 zusätzlich zum Leitbild „Jugendhilfe Leitlinien" entwickelt und 2013 aktualisiert. Durch fortlaufende interne Diskussionen werden die Kenntnis über die Leitlinien und ihre Einhaltung durch alle Mitarbeitenden der Jugendhilfe gewährleistet.

Die Grundlagen des professionellen erzieherischen Handelns der Jugendhilfe St. Elisabeth sind ***Wertschätzung und Struktur.***

Wertschätzung drückt sich aus in der bedingungslosen Annahme der Person und ist begründet im christlichen Menschenbild. Die Struktur bedarf der authentischen und kongruenten Haltung. Sie lebt durch die glaubwürdige Haltung der verantwortlichen Erwachsenen.

Die ***Selbstverantwortung und Selbstorganisation der Mitarbeiter*** ist die Voraussetzung für die tägliche Arbeit.
Jede Gruppe organisiert den Alltag selbstständig und eigenverantwortlich. Gleichzeitig ist die Zusammenarbeit des gesamten Teams Bestandteil der professionellen Arbeit.

Eine regelmäßige ***Tagesgestaltung*** und eine geordnete ***Tagesstruktur*** sind in der Einrichtung feste Elemente. Tägliche Rituale und eine transparente Verteilung der Aufgaben geben nicht nur den Betreuten, sondern auch allen Mitarbeitenden Sicherheit (Siehe Anhang Seite 57 – 60).

Vertrauen durch gemeinsames Tun

3. ANFORDERUNGEN UND ERWARTUNGEN DES TRÄGERS

Die Kath. St.-Johannes-Gesellschaft Dortmund gGmbH als Träger der Jugendhilfe St. Elisabeth hat die Leitung beauftragt, nach Maßgabe des Bundeskinderschutzgesetzes und der Präventionsordnung des Erzbistums Paderborn ein Präventionskonzept zu erarbeiten. Der Träger legt damit folgende Erwartungen und Vorgaben an die Mitarbeitenden fest:

- ✔ Durch die Erarbeitung eines Gewaltpräventionskonzeptes wird ein deutliches Zeichen gegen jede Form von Gewalt in der Jugendhilfe St. Elisabeth gesetzt.
- ✔ Die Bewohner und Betreuten der Einrichtung sowie deren Angehörige werden über ihre Rechte informiert, durch die aufgestellten Regeln im Konzept zur Gewaltprävention gestärkt und gegenüber jeder Form von Gewalt sensibilisiert.
- ✔ Die ***Kommunikation*** über tabubesetzte und „empfindliche" Themen (z. B.: Grenzverletzungen, übergriffiges Verhalten, Mobbing, Sexualität von Kindern, Machtmissbrauch u.a.m.) wird gefördert.
- ✔ Die in der Deutschen Bischofskonferenz geforderte ***Selbstverpflichtungserklärung*** ist von der Jugendhilfe St. Elisabeth formuliert und von jedem Mitarbeitenden zu unterzeichnen. Der Mitarbeitende verpflichtet sich mit seiner Unterschrift unter der Selbstverpflichtungserklärung, der Achtung der Grenzen der Betreuten und dem verantwortungsvollen Umgang mit Nähe und Distanz nachzukommen. Gleichzeitig versichert der Mitarbeitende, keine Straftat im Zusammenhang mit sexualisierter Gewalt begangen zu haben. (Siehe Anhang Seite 62/63)

- ✔ Die ***Vorlage des erweiterten polizeilichen Führungszeugnisses*** ist in der Jugendhilfe St. Elisabeth für alle haupt-, neben- und ehrenamtlich tätigen Mitarbeitenden Pflicht.
- ✔ Beim ***Einstellungsgespräch*** werden alle künftigen Mitarbeitenden für die Einhaltung des Kinderschutzes sensibilisiert und über Beschwerdemanagement, Präventionsmaßnahmen und Interventionsabläufe unterrichtet.
- ✔ Die Verpflichtungen des ***internen Meldewesens*** (Beschwerden, Risiko- und Fehlersituationen, Vorschlagswesen) sind beschrieben und müssen eingehalten werden (s. auch Kapitel 5.4.). [2]
- ✔ Die Bewohner und Betreuten der Einrichtung sowie deren Angehörige sind auf ***externe Beratungs- und Beschwerdemöglichkeiten*** hinzuweisen.
- ✔ Die Kenntnisse der Mitarbeitenden bezüglich Präventionsmaßnahmen und Interventionsabläufen und deren konsequente Handhabung werden durch ***verpflichtende Schulungen*** aktualisiert und vertieft.
- ✔ Bei ***begründetem Verdacht gegen Mitarbeitende*** schalten die Geschäftsführung und Leitung die Ermittlungsbehörden ein, immer unter Berücksichtigung der Situation des Opfers. Über die Freistellung oder die Umsetzung des jeweiligen Mitarbeiters oder der Mitarbeiterin und gegebenenfalls weitere arbeitsrechtliche Konsequenzen ist zu entscheiden.
- ✔ Bei ***begründetem Verdacht gegen Kinder und Jugendliche*** entscheidet die Leitung in Rücksprache mit den Hilfeplanverantwortlichen (§ 36 SGB VIII) über den Verbleib der jeweiligen Kinder oder Jugendlichen. Bei strafmündigen Jugendlichen schaltet die Leitung in der Regel die Ermittlungsbehörden ein, immer unter Berücksichtigung der Situation des Opfers.

---

[2] QM-Handbuch der Kath. St.-Johannes-Gesellschaft Dortmund gGmbH 2012 Abschnitt 2.6.1.

- In der Einrichtung werden ***regelmäßige schriftliche Befragungen*** der jungen Menschen anonym durchgeführt. Dabei geben die jungen Menschen ihre Einschätzung hinsichtlich ihrer Beteiligung, der Individualität des Betreuungsverlaufes, ihrem Gefühl von Schutz und Sicherheit sowie ihrer Zufriedenheit mit den Angeboten der Einrichtung wieder. Diese Informationen dienen dazu, sinnvolle Veränderungen und Entwicklungen vorzunehmen.

- Drei interne, speziell qualifizierte Interventionsfachkräfte der Einrichtung sind für die ***fachspezifische Klärung, Aufdeckung und Weiterarbeit*** mit den betroffenen jungen Menschen zuständig, sofern die Bearbeitung in der Einrichtung vollzogen werden soll. Bei Verdachtsmomenten gegen Mitarbeitende ist die Einrichtungsleitung verantwortlich.

- Zwei weitere Mitarbeitende der Einrichtung sind als Kinderschutzfachkräfte qualifiziert. Sie achten darauf, dass die ***Maßnahmen zum Kinderschutz*** eingehalten werden und stehen jungen Menschen als Ansprechpartner zur Verfügung.

- Die Vereinbarung mit dem Jugendamt Dortmund gemäß § 8a SGB VIII ist zu befolgen.

Die oben beschriebenen Anforderungen und Erwartungen des Trägers sollen eine möglichst wirksame interne und externe Kooperation und die Entwicklung von effektiven Maßnahmen gewährleisten.

Dies ist ein von Jugendlichen gestaltetes Motiv aus der Postkartenserie
„Würde gern anders ...", Postkarten für Respekt und gegen Gewalt.
(Eine Aktion der Jugendhilfe St. Elisabeth Dortmund in Zusammenarbeit mit der win2win-gGmbH Oldenburg)

4. WAS VERSTEHEN WIR UNTER GEWALT?

Gewalt und Aggression sind zwei Begriffe, die schwer greifbar sind und je nach Profession unterschiedlich definiert werden. Nach der WHO ist Gewalt „der absichtliche Gebrauch von angedrohtem oder tatsächlichem körperlichen Zwang oder physischer Macht gegen die eigene oder eine andere Person, gegen eine Gruppe oder Gemeinschaft, der entweder konkret oder mit hoher Wahrscheinlichkeit zu Verletzungen, Tod, psychischen Schäden, Fehlentwicklung oder Deprivation führt“.[3] Da diese Definition sehr breit gefasst ist und unterschiedlichste Handlungen umfasst, wird sie in diesem Konzept verwendet. Die Gewalt kann das bewusste Motiv „Verletzung“ haben oder im Affekt geschehen.

Gewalt kann vorfallen:

- ✔ zwischen Kindern/Jugendlichen,
- ✔ zwischen Erwachsenen,
- ✔ von Erwachsenen zu Minderjährigen,
- ✔ von Erwachsenen zu älteren Menschen,
- ✔ von Erwachsenen und/oder jungen Menschen zu Menschen mit Behinderungen.

Dabei kann die Gewalt stets auch die Richtung wechseln.

In der Regel werden mehrere Gewaltformen unterschieden:

- ✔ ***Physische Gewalt*** sind alle Handlungen, die zu körperlichen Verletzungen oder sogar zum Tod führen können. Sie schließt jegliches Schlagen mit Gegenständen, Stöße, Tritte und Schütteln ein. Auch Verbrennungen und Vergiftungen zählen dazu.

- ✔ Die ***psychische Gewalt*** definiert sich über Ablehnung, Abwertung aber auch über Nichtbeachtung. Sie gilt als die häufigste Form von Gewalt gegenüber jungen Menschen. Durch Angst

[3] Vgl. Weltgesundheitsorganisation. (2003). Weltbericht Gewalt und Gesundheit – Zusammenfassung.

und den Entzug von Zuwendung wird eine vertrauensvolle Beziehung behindert und die Entwicklung einer autonomen Persönlichkeit der betroffenen Person erschwert. Als Folge fühlen sich die betroffenen Personen abgelehnt und wertlos. Sie können mit Aggressivität, Distanzlosigkeit, innerem Rückzug, Ängsten und mangelndem Selbstwertgefühl darauf reagieren. Die Verletzungen durch psychische Gewalt sind schwieriger zu erkennen als körperliche Verletzungen, da es kaum äußere Anzeichen gibt. [4]

✔ Eine weitere Gewaltform ist die ***Vernachlässigung***. Auf Grund von entsprechenden Erhebungen wird davon ausgegangen, dass 5 – 10 % der in Deutschland lebenden Kinder vernachlässigt oder abgelehnt werden.[5] Unter Vernachlässigung wird die Missachtung von Lebensbedürfnissen verstanden. Die Kinder erhalten kein ausreichendes Maß an Zuwendung, Schutz und Fürsorge. Die mangelnde Versorgung, u. a. mit Flüssigkeit Nahrung, Kleidung oder mangelnde Pflege und Hygiene kann lebensbedrohlich sein.

✔ Die ***sexualisierte Gewalt*** umfasst alle sexuellen Aktivitäten, die von den betroffenen Personen nicht gewünscht sind oder denen diese „nicht verantwortlich zustimmen können, da sie deren Tragweite noch nicht erfassen können“. [6]

„Sexueller Missbrauch an Kindern ist jede sexuelle Handlung, die an oder vor einem Kind entweder gegen den Willen des Kindes vorgenommen wird oder der das Kind aufgrund körperlicher, psychischer, kognitiver oder sprachlicher Unterlegenheit nicht wissentlich zustimmen kann. Der Täter nutzt seine Macht- und

---

[4] Vgl. Niedersächsisches Ministerium für Soziales, Frauen, Familien und Gesundheit (2007). Gewalt gegen Kinder - Leitfaden für Früherkennung, Handlungsmöglichkeiten und Kooperation in Niedersachsen. Hannover.

[5] Vgl. Cierpka, M. (2008). Möglichkeiten der Gewaltprävention : mit 11 Tabellen (2. Auflage). Vandenhoeck & Ruprecht, Göttingen.

[6] Vgl. Bange/Deegener (1996) „Sexueller Mißbrauch an Kindern“. PVU, Weinheim.

Autoritätsposition aus, um seine eigenen Bedürfnisse auf Kosten des Kindes zu befriedigen".[7]

Im fachlichen Diskurs wird sexualisierte Gewalt grundsätzlich in drei Kategorien eingeteilt.

1. Grenzverletzungen:

Diese sind in der Regel unbeabsichtigt, einmalig, gelegentlich und geschehen oft mangels fachlicher Kenntnis oder auf Grund persönlicher Unerfahrenheit. Grenzverletzungen passieren z. B. bei Tobespielen, bei versehentlichen Berührungen, durch öffentliches Bloßstellen oder einen permanenten Befehlston, durch Missachtung individueller Schamgrenzen oder unangemessene Kosenamen u. a.

2. Übergriffe:

Diese sind vorsätzlich und strategisch, oft manipulativ und mit Androhung von Gewalt verbunden, dabei aber nicht zwingend strafbar. Übergriffe zeigen sich z. B. in vorsätzlicher Verweigerung von Zuwendung, in „anzüglichen" Bewertungen, Abwertungen, Beleidigungen oder vorsätzlicher Missachtung der Intimitätsgrenzen. Auch Gespräche über das eigene Sexualleben mit Minderjährigen, Voyeurismus oder das Zulassen von Drohungen und Gewalt stellen Übergriffe dar.

3. Sexual(straf)taten:

Diese Taten sind ebenfalls Übergriffe, in der Regel vorsätzlich und strafverfolgungswürdig. Straftaten sind im Strafgesetzbuch erfasst und strafbewehrt. Definierte Gewaltformen finden sich u. a. im StGB in den Paragraphen 174, 176, 180, 182 - 184.[8]

---

[7] Vgl. Haller, M., und Sozialressorts der Steiermärkischen Landesregierung (1998). Gewalt in der Familie: Ergebnisse einer soziologischen Studie in Zusammenarbeit mit Sozialeinrichtungen, Polizei und Gericht. Leykam, Graz.

[8] vgl. Meyer-Deters, Werner, Bundesweite Fortbildungsoffensive 2010 - 2014.

✔ ***Verbale Gewalt*** findet sich sowohl in der Kinder- und Jugendhilfe als auch im Arbeitsalltag und anderen Bereichen. Dabei kann es sich u. a. um Beleidigungen, „Lästereien", öffentliches Bloßstellen, permanenten Befehlston oder das Anschreien der jungen Menschen handeln.

✔ ***Mobbing*** ist eine Gewaltform, die viele Überschneidungen mit dem Bereich der verbalen und medialen Gewalt hat. Hierbei kann es sich um Einzelne und Gruppen als Täter handeln. Die gezielte Ausgrenzung und das übertriebene Hinweisen auf Schwächen und Makel zeugen hier von Intoleranz und Machtmissbrauch der Täter.

✔ ***Gewalt durch die Nutzung von Medien*** steht oft in Verbindung mit anderen Gewaltformen. Die Nutzung digitaler Medien kann in verschiedene Richtungen gehen: Bedrohung, Ausgrenzung oder Manipulation können Zielrichtungen sein. Auf Grund der Vielfalt neuer Kommunikationsarten und -plattformen gilt es dieser Gewaltform in Zukunft ausreichend Beachtung zu schenken. Der unkontrollierte Medienkonsum von jungen Menschen ist ein Risiko.

✔ ***Institutionelle und strukturelle Gewalt*** ist eine Form „entpersonalisierter" Gewalt. Diese geht nicht unmittelbar von einzelnen Personen aus, sondern von dem System einer Organisation. So kann es in stationären Betreuungsbereichen für die Bewohner/Betreuten zu dem Gefühl kommen, an vielen Entscheidungen und Alltagsabläufen gar nicht beteiligt zu sein und völlig von außen bestimmt zu werden, eben von einer unpersönlichen, mächtigen Institution. Verstärkt durch mangelnde Transparenz und fehlende Begründungen führt dieses Gefühl zur „Ohnmacht" und innerer Distanz. Wenn dies auch individuelle, persönliche Dinge einschließt (wie z. B. in der Jugendhilfe die individuelle Hilfeplanung, persönliche Lebensplanung etc.) wird institutionelle Gewalt massiv erlebt. Die Institution wird als „Verfügungsmacht" wahrgenommen, im Extremfall kann sich der Einzelne in einem dauerhaften „Unterwerfungsverhältnis" befinden. Ebenso gehören verschlossene Türen (Küche, Waschraum) zur strukturellen Gewalt. Die Gründe für solche Maßnahmen müssen transparent und nachvollziehbar sein.

Zusätzlich wird in der Fachliteratur unter anderem zwischen finanzieller, frauen- und fremdenfeindlicher Gewalt unterschieden. Es sei jedoch darauf hingewiesen, dass in der Regel mindestens zwei Erscheinungsformen von Gewalt gleichzeitig auftreten und die Grenzen zwischen den Formen verschwimmen. Das Anliegen dieses Konzeptes ist es, zu betonen, dass Gewalt nicht nur strafbare Handlungen umfasst, sondern alle Handlungen, die von der betroffenen Person als Gewalt empfunden werden. Denn „Gewalt ist das, was innerhalb kultureller, sozialer, politischer und moralischer Normen als solche definiert wird". [9]

[9] Vgl. Haller, M., & Sozialressorts der Steiermärkischen Landesregierung. (1998). Gewalt in der Familie: Ergebnisse einer soziologischen Studie in Zusammenarbeit mit Sozialeinrichtungen, Polizei und Gericht. Graz: Leykam.

5. PRÄVENTION

Prävention ist insbesondere in der Kinder- und Jugendhilfe von großer Bedeutung. Im Gegensatz zur Intervention ist es ihr Ziel, Problemen und Krisen zuvorzukommen und diese vorausschauend zu vermeiden. Sollte ein sexueller Übergriff auftreten, ist es primäre Aufgabe, Maßnahmen zum Schutz des Opfers zu ergreifen, bevor Präventionsangebote durchgeführt werden. [10]

In diversen Empfehlungen und Fachveröffentlichungen werden Maßnahmen und Vorkehrungen beschrieben, die Grenzachtung fördern und Formen jeglicher Gewalt vermeiden helfen. [11]

Im Rahmen der Prävention hat die Jugendhilfe St. Elisabeth Kinderschutzbeauftragte ausgebildet und Vereinbarungen mit dem Jugendamt im Sinne des § 8a SGB VIII abgestimmt. Eine externe Fachkraft ist als unabhängiger Kooperationspartner benannt.

Durch einen offenen Austausch über zentrale Werte wird ein Klima gefördert, in dem aus Fehlern gelernt werden kann. Gemeint ist „eine Kultur der Achtsamkeit und Fehlerfreundlichkeit". Beschwerden und Hinweise auf Fehler und Verbesserungen sind jederzeit repressionsfrei möglich und erwünscht.

Klarheit und größtmögliche Transparenz in Handlungs- und Arbeitsabläufen gehören zu unseren Jugendhilfe Leitlinien.
(Siehe Anhang Seiten 57 – 60)

---

[10] Vgl. Enders, U. (2011). Grenzen achten Schutz vor sexuellem Missbrauch in Institutionen. Ein Handbuch für die Praxis. Köln: Kiepenheuer & Witsch S. 264.

[11] Ender, bvke, dcv.

Jugendhilfe St. Elisabeth

Zu den Aufgaben der Kinderschutzfachkräfte gehören u. a.:

- ✔ Ansprechpartner und Experte für Kinderschutzfragen sein
- ✔ Ansprechpartner für Kinder und Jugendliche sein
- ✔ Anleitung der Gruppensprecherkonferenz im Rahmen von Partizipation
- ✔ Mitwirkung bei Gruppenbesprechungen und Gremien zum Thema Kinderschutz
- ✔ Mitwirkung bei strukturellen und baulichen Veränderungen und Maßnahmen unter Berücksichtigung des Kinderschutzes
- ✔ Kinderschutz als Thema in der Einrichtung präsent halten
- ✔ Sensibilisierung von Eltern, Mitarbeitenden, Pflegeeltern
- ✔ Unterstützung und Planung bei Mitarbeiterfortbildungen
- ✔ Besondere Fokussierung auf die Kinderrechte

Zur Sicherstellung des Kindeswohls gibt es eine weibliche und eine männliche Fachkraft, die in der gesamten Einrichtung bekannt sind. Mit Inkrafttreten dieser Präventionsordnung werden die Kinderschutzfachkräfte strukturell in die Jugendhilfe St. Elisabeth eingeführt.

Sie gelten als Ansprechpartner und Experten, die dafür sorgen, dass in dem großen Aufgabenbereich der Jugendhilfe das Thema des Kinderschutzes präsent bleibt und die Mitarbeitenden sensibilisiert werden. Die Kinderschutzfachkräfte tragen die Verantwortung für die Beachtung des Kindesschutzes nicht allein.

Alle Mitarbeitenden sind angehalten, sensibel auf die Anzeichen von Kindeswohlgefährdung, Gewalt und insbesondere sexualisierter Gewalt zu reagieren.

Die Kinderschutzfachkräfte sind vorrangig für Präventionsmaßnahmen zuständig. Im Falle von Interventionen in Krisensituationen (hier: sexuelle Grenzüberschreitungen und Übergriffe, Missbrauchshandlungen etc.) sind drei speziell ausgebildete Interventionsfachkräfte zuständig, die nicht im pädagogischen Alltag tätig sind.

Jugendhilfe St. Elisabeth

Aufgaben der Interventionsfachkräfte:

- ✔ Klärung des Sachverhaltes bzw. Aufdeckung
- ✔ Beratung von Leitung
- ✔ Maßnahmen zum Opferschutz sichern
- ✔ Sicherung des weiteren Vorgehens:
  - ✗ Traumabearbeitung und ggf. -behandlung
  - ✗ Therapiemaßnahmen ggf. externe Anbahnung
  - ✗ Arbeit mit den Angehörigen
- ✔ Entscheidung in Rücksprache mit Leitung über den weiteren Verbleib der übergriffigen jungen Menschen und über Diagnose- und Therapieverfahren

Jugendhilfe
St. Elisabeth

Aufgaben der externen Fachkraft:

- ✔ Beratung bei der nachhaltigen Umsetzung der Prävention von sexualisierter Gewalt
- ✔ Beratung in einzelnen Verdachtssituationen (Leitungs- und Teamberatung)
- ✔ Nachbearbeitung mit den Mitarbeitenden und ggf. Supervision

5.1. UMSETZUNG DES GEWALT-PRÄVENTIONSKONZEPTS IN DER JUGENDHILFE ST. ELISABETH

Die Jugendhilfe St. Elisabeth positioniert sich in der Diskussion um die bekanntgewordenen Gewaltvorkommnisse in Kinder- und Jugendhilfeeinrichtungen mit dem vorliegenden umfassenden Präventionskonzept eindeutig gegen jede Form von Gewalt.

Das Konzept wurde von der aus Mitarbeitenden bestehenden Projektgruppe „Gewaltprävention" erarbeitet. Die Projektgruppe ist nach der Erstellung für die dauerhafte Prüfung und Implementierung des Konzepts zuständig.

In diesem Rahmen fanden von Oktober 2011 bis Mai 2012 mehrere Workshops mit dem Thema der Gewaltprävention statt. An diesen nahmen Kinder und Jugendliche der Jugendhilfe, ehemalige Betreute, Mitarbeitende und Trainer der win2win-gGmbH teil. Die jungen Menschen wurden in diesen Prozess eingebunden und zur Partizipation ermutigt. Alle Meinungen der Beteiligten des Workshops erfuhren eine gleichwertige Beachtung.

Die in den Workshops erarbeiteten Bausteine sind von der Projektgruppe in das Konzept „Gewaltprävention" eingearbeitet worden. Anschließend haben es die beteiligten Jugendlichen noch einmal kritisch begutachtet. Partizipation ist das Recht der jungen Menschen, sich als freie und gleichberechtigte Beteiligte an Diskussionsprozessen innerhalb der Konzeptentwicklung zu beteiligen und die eigenen Interessen einzubringen. Dies bietet sich insbesondere bei der Entwicklung eines Konzepts gegen Gewalt an, da die jungen Menschen oftmals eine andere Sicht auf Gewalt haben. Die Kinder und Jugendlichen sind Experten ihrer Lebenswelt. Die Einbeziehung der Sichtweise und Erfahrung der jungen Menschen beeinflusst das Handeln der Mitarbeitenden. Mögliche Grenzüberschreitungen werden so eher bewusst.

Die beteiligten jungen Menschen erlangten die Sicherheit, Prozesse mit individuellen Kompetenzen und Spaß mitgestalten zu können. In einem Niedrigseilgarten zum Beispiel wurde dem Gewalterleben mit Vertrauen, Freude und Sicherheit entgegengewirkt. Die Kinder und Jugendlichen wurden dadurch zu einer aktiven Haltung gegen Gewalt motiviert.

Weitere Ergebnisse des dreitägigen Workshops sind zwei eigenständig komponierte und getextete Lieder gegen Gewalt (Siehe Seite 36 und Anhang Seite 66/67).

In der Weiterarbeit der Projektgruppe werden die jungen Menschen kontinuierlich einbezogen. Da ***Partizipation*** ein ***erster Primärbaustein der Prävention*** ist, werden neben der Beteiligung an der Weiterentwicklung des Präventionskonzeptes und den bestehenden Partizipationsstrukturen in der Einrichtung weitere Maßnahmen vorgenommen. So wird das Konzept z. B. in allen Wohn- und Betreuungsbereichen den jungen Menschen vorgestellt und mit ihnen beraten. Darüber hinaus werden die jungen Menschen künftig an verschiedenen Weiterentwicklungen der Einrichtung durch Workshops beteiligt. Im Rahmen der regelmäßigen Befragungen der jungen Menschen werden Sicherheits- und Kinderschutzaspekte weiter einbezogen.

Neben der Partizipation ist die ***Sexualpädagogik*** ein ***zweiter Primärbaustein der Prävention***. Dies wird ein Fortbildungsschwerpunkt in der Zukunft sein. Darin eingebunden werden Workshops mit Kindern und Jugendlichen aus den Betreuungsbereichen.

Als ***dritter Baustein der Prävention*** ist die Verbindung einer entsprechenden ***Haltung und Kultur*** aller Mitarbeitenden, einschließlich Leitung und Trägerverantwortliche, zu nennen.

Neben der ***Prävention*** gehören die ***Intervention*** bei Verdachtssituationen und die ***Schutzmaßnahmen*** für die unmittelbar und mittelbar Betroffenen zu den erforderlichen Aufgaben. [12]

Die Schulungsmaßnahmen zur Prävention werden mit dieser Zielsetzung durchgeführt. Die Zielsetzung entspricht den Vorgaben bzw. den Empfehlungen des Runden Tisches zur Prävention von sexuellem Missbrauch.

[12] vgl. Meyer-Deters, Werner, Bundesweite Fortbildungsoffensive 2010 – 2014.

„Würde gerne anders“

Intro: E-H-A-H (4x)

1. Ich würde gerne anders
Doch dein böses Wort hallt nach
Auch wenn ich sag´ ich kann das
Versaut mir deine Wut den Tag
2. Am liebsten würd´ ich dich vernichten
Dich aus den Socken hau'n
Da gibt es nichts zu schlichten
Mir fehlt da das Vertrau'n

A F
R. Deine Faust geballt, zum Schlag bereit
G A
Doch halt ein und lass es sein
A F
Lass dich nicht von deiner Wut regier'n
G A
Denn wer verzeiht, der kann nie verlier'n

Zwischenspiel : E-H-A-H- (2x)

3. Doch für dich gibt´s kein Halten mehr
Du schlägst zu bis er am Boden liegt
Der Hass in dir er kocht so sehr
Die Wut hat über dich gesiegt
4. Was hab´ ich nur getan
So weit wollt´ ich nicht gehen
Geschlagen wie im Wahn
Kann mich selbst nicht mehr versteh

A F
R. Deine Faust geballt, zum Schlag berei
G A
Doch halt ein und lass es sein
A F
Lass dich nicht von deiner Wut regier
G A
Denn wer verzeiht, der kann nie verlie
Outro (4 x wiederholen)
A F
Lass dich nicht von deiner Wut regier
G A
Denn wer verzeiht, der kann nie verlie

5.2. REGELN

Um Gewalt möglichst zu verhindern und um ein angenehmes Miteinander zu ermöglichen, haben sich junge Menschen und Mitarbeitende der Einrichtung intensiv mit der Erarbeitung von verbindlichen Regeln beschäftigt. Basierend auf den Workshop-Ergebnissen wurden Regeln konkretisiert und operationalisiert, die für alle verbindlich sind. Die Erwachsenen haben immer eine Vorbildfunktion und sind für die Einhaltung der Regeln verantwortlich. Diese Verantwortung tragen die jungen Menschen selbstverständlich mit.

5.2.1. REGELN DES ZUSAMMENLEBENS ZUR VERMEIDUNG VON GEWALT

Dies ist ein von Jugendlichen gestaltetes Motiv aus der Postkartenserie
„Würde gern anders ...", Postkarten für Respekt und gegen Gewalt.
(Eine Aktion der Jugendhilfe St. Elisabeth Dortmund in Zusammenarbeit mit der win2win-gGmbH Oldenburg)

5.2.1. REGELN DES ZUSAMMENLEBENS ZUR VERMEIDUNG VON GEWALT

Wir erwarten ...

- einen respektvollen und höflichen Umgang miteinander.
- Achtung vor der Individualität eines jeden.
- dass die Grenzen anderer respektiert werden.
- einen vertrauensvollen Umgang mit Informationen über Dritte.
- dass nicht mit Gegenständen geworfen wird.
- dass niemand mutwillig verletzt wird.
- dass nicht geprügelt und/oder beleidigt wird.
- dass niemand angespuckt wird.
- dass keiner gemobbt wird.
- dass niemand Ritualen und Mutproben, die Angst machen oder peinlich berühren, ausgesetzt wird.
- dass niemand geärgert und ausgeschlossen wird.
- eine Kommunikation ohne Ironie oder Sarkasmus.
- dass wir einander zuhören.
- dass wir andere ausreden lassen.
- dass keine Drogen konsumiert werden.
- dass grundsätzlich kein Alkohol konsumiert wird und Ausnahmen nur nach Absprache mit den Erziehungsverantwortlichen erlaubt sind.
- dass keine Kopfbedeckung bei den gemeinsamen Mahlzeiten getragen wird.
- dass kein Handy beim Essen benutzt wird.
- einen verantwortlichen Umgang mit elektronischen Medien.
- dass auf Kinder und Jugendliche in Notsituationen aufmerksam gemacht wird.

Die Regeln werden kontinuierlich weiterbearbeitet und aktualisiert. Die genannten Regeln stehen im engen Zusammenhang mit anderen einrichtungsinternen Vorgaben wie „Jugendhilfe Leitlinien“ und der Broschüre „Deine Rechte“ etc.
(Siehe Anhang Seite 68 – 83).

5.2.2. REGELN FÜR MITARBEITENDE

In den Workshops haben Kinder und Jugendliche formuliert, welche Verhaltensweisen sie sich wünschen bzw. nicht wünschen.

Unter anderem wurden folgende Aspekte von den Kindern/Jugendlichen benannt:

- ✔ Junge Menschen möchten ernstgenommen werden.
- ✔ Sie möchten nicht angeschrien oder attackiert werden.
- ✔ Junge Menschen mögen es nicht, wenn eine sexualisierte und/oder verletzende Sprache in der Einrichtung benutzt wird.
- ✔ Wenn junge Menschen sich in ihren Zimmern aufhalten, möchten sie nicht, dass Mitarbeitende ohne Anklopfen oder ohne Aufforderung zu schnell ins Zimmer kommen.
- ✔ Junge Menschen mögen es nicht, wenn ihre persönlichen Grenzen nicht respektiert werden.
- ✔ Junge Menschen wünschen sich individuelle Verabredungen, wie ihnen „Gute Nacht" gesagt wird und wie sie geweckt werden möchten.
- ✔ Junge Menschen wollen bei Freunden innerhalb oder außerhalb der Gruppe/Einrichtung übernachten.

Regeln

Daraus wurden folgende Regeln für die Mitarbeitenden der Jugendhilfe St. Elisabeth gemeinsam mit den jungen Menschen erarbeitet. Die Einhaltung und Umsetzung bietet allen Beteiligten im Alltag Sicherheit und Orientierung.

- ✔ Mitarbeitende müssen aufmerksam und ernsthaft die Anliegen und Bedürfnisse der Betreuten wahrnehmen!
- ✔ Junge Menschen werden nicht von Mitarbeitenden verbal oder körperlich angegangen!

- ✔ Die Mitarbeitenden sorgen für eine angemessene Gesprächsatmosphäre und einen angemessenen Umgangston!
- ✔ Die Mitarbeitenden halten eine körperlich professionelle Distanz zu den zu Betreuenden und respektieren die persönlichen Grenzen der jungen Menschen!
- ✔ Kein Mitarbeitender betritt ohne anzuklopfen und unaufgefordert ein Jugendzimmer (außer in Krisen)!
- ✔ Die Regeln des Zubettgehens und des morgendlichen Weckens werden mit dem jungen Menschen vereinbart. ☛ („Die Bettkante gehört dem Betreuten!“)
- ✔ Übernachtungswünsche der Kinder müssen frühzeitig im Team und mit der Leitung besprochen, beraten und entschieden werden!

Wir respektieren die Privatsphäre der Kinder und Jugendlichen. In begründeten Fällen (z. B. bei Gefahr in Verzug) kann es erforderlich sein, dass Mitarbeitende die Regeln überschreiten. Im Anschluss sind diese Situationen zu reflektieren, zu beraten und zu dokumentieren.

Weitere Regeln sind uns wichtig:

- ✔ Die Mitarbeitenden sorgen für einen ungestörten Toilettengang und ein unbeobachtetes Duschen und Baden der jungen Menschen!
- ✔ Räume, in denen sich Betreuungspersonen mit Kindern, Jugendlichen oder jungen Erwachsenen aufhalten, dürfen nicht abgeschlossen werden, so dass sie jederzeit von außen zugänglich sind! [13]
- ✔ Betreuungspersonen sind verpflichtet, Verwandtschaftsverhältnisse und private Beziehungen/Kontakte zu Kindern, Jugendlichen und jungen Erwachsenen oder deren Familien im Team offenzulegen! [14]

[13] Enders, U. (2011). Grenzen achten Schutz vor sexuellem Missbrauch in Institutionen. Ein Handbuch für die Praxis. Köln: Kiepenheuer & Witsch.

[14] ebd.

- ✔ Geschenke von Mitarbeitenden an Kinder, Jugendliche oder junge Erwachsene sind im Team abzusprechen und dürfen eine der professionellen Beziehung entsprechende Größe nicht überschreiten. [15]
- ✔ Mädchen und Jungen werden grundsätzlich mit ihrem Vornamen und nicht mit Kose- oder Spitznamen angesprochen. [16]
- ✔ Mädchen und Jungen haben das Recht, nicht mitzumachen, wenn ihnen ein Spiel unangenehm ist, sie etwas ekelig finden oder sich dabei nicht wohlfühlen. [17]
- ✔ Eine angemessene Kleidung im Dienst ist erforderlich. Sie soll nicht aufreizend sein oder peinlich berühren (im Sinne von „grenzverletzendem Styling") [18] und Bewegungsfreiheit ermöglichen. Alle Mitarbeitenden haben eine Vorbildfunktion.

Wenn Mitarbeitende Grenzverletzungen zu verantworten haben, erwarten wir

- ✔ einen offenen, möglichst angstfreien und wahrhaftigen Umgang mit Grenzverletzungen,
- ✔ den Willen, aus Fehlern zu lernen, im Sinne einer Kultur der Fehlerfreundlichkeit beim Umgang mit verborgenen und sichtbaren Fehlern,
- ✔ sich mit eigenen persönlichen und professionellen Grenzen auseinander zu setzen, besonders mit dem Nähe- und Distanzverhalten,
- ✔ eine Kultur des Hinsehens, d. h. auch bei gravierenden, vorsätzlichen Übergriffen und bei Straftaten couragiert und konsequent zu handeln,

---

[15] ebd.
[16] ebd.
[17] ebd.
[18] ebd.

5.3. PRÄVENTION IN DER AUFSUCHENDEN ARBEIT

Neben den stationär betreuten Kindern und Jugendlichen werden ca. 150 Jugendliche und Familien jährlich von unseren aufsuchenden Diensten in Wohnungen betreut. Folgende Dienste arbeiten aufsuchend:

- ✔ Familienambulanz : Sozialpädagogische Familienhilfe § 31 SGB VIII, Erziehungsbeistand § 30 SGB VIII, Familien unterstützende Dienste § 31 SGB VIII, Ambulante Diagnostik und Beratung § 31 SGB VIII.
- ✔ Jugendambulanz und Betreute Wohnformen: Sozialpädagogisch Betreutes Wohnen (SBW) SGB VIII § 34 in Verbindung mit § 41, Mentoren § 35 SGB VIII, Erziehungsbeistand § 30 SGB VIII, Intensive pädagogische Einzelbetreuung § 35 und § 35a SGB VIII.

Das vorliegende Gewaltpräventionskonzept hat für die aufsuchenden Hilfen die gleiche Verbindlichkeit wie in der stationären Arbeit. Die Besonderheit bei der aufsuchenden Arbeit liegt in den häufigen Einzelkontakten zwischen Mitarbeitenden und dem Klient in dessen Privaträumen. Folglich obliegt es dem Mitarbeitenden in der Einzelbetreuung, regelmäßig die Inhalte des Gewaltpräventionskonzeptes und des Beschwerdemanagements mit den Klienten zu thematisieren. Dabei werden die Klienten im Erstgespräch und später in regelmäßigen Abständen auf die Möglichkeit hingewiesen, dass interne aber auch externe Anregungen und Beschwerden z. B. beim Jugendamt möglich und gewünscht sind.

Ähnlich wie im stationären Bereich werden in Zukunft Befragungen der in Wohnungen betreuten Jugendlichen und der betreuten Familien durchgeführt.

Bestandteil der ambulanten Arbeit ist immer auch eine pädagogische Anleitung zur Gewaltprävention im Alltag. Ziel der Betreuung ist es, die zu Betreuenden zu befähigen, in Zukunft ein Leben ohne

Gewalt zu führen. Sie sollen des Weiteren Eigenverantwortung übernehmen, Opferempathie entwickeln sowie gewaltfreie Konfliktlösungsstrategien erlernen.

Neben der Aufgabe, Familien und Jugendliche fortlaufend zum Verzicht auf Gewalt anzuhalten, ist es die Aufgabe der Mitarbeitenden, mit den Klienten Verhaltensweisen einzuüben, um möglichst nicht Opfer von Gewalt zu werden. Als Schutz vor Gewalt vermitteln wir die Einhaltung folgender Verhaltensregeln:

Regeln

- ✔ Respekt und Achtung Erwachsenen gegenüber bedeutet keinen unbedingten Gehorsam.
- ✔ Gefühle der Kinder achten.
- ✔ Mein Körper gehört mir!
- ✔ Grenzen setzen, Grenzen akzeptieren

In den Teamfallberatungen, die für jeden Mitarbeitenden verbindlich sind, werden immer wieder die Regeln des Betreuungsalltags mit den Mitarbeitenden thematisiert. Folgende Regeln sind für alle verbindlich:

Regeln

- ✔ Wir sind Gast in den Wohnungen der Klienten.
- ✔ Die Regeln und Grenzen dieses Privatraumes werden geachtet, respektiert, wertgeschätzt und eingehalten, sofern das Kindeswohl nicht gefährdet ist.
- ✔ Wir bestehen auf Offenheit, Ehrlichkeit und Transparenz im Umgang mit den zu Betreuenden.
- ✔ Schwierige Betreuungen oder Kontrollaufträge werden zum Schutz aller Beteiligten möglichst von zwei Mitarbeitenden wahrgenommen.

In Krisensituationen kann zeitnah ein Beratungssetting mit internen und externen Beratern geschaffen werden. Die Handlungsschritte bei einem Verdacht auf Kindeswohlgefährdung sind in der Vereinbarung gemäß § 8a Abs. 2 SGB VIII vom 03.01.2008 zwischen dem Dortmunder Jugendamt und der Jugendhilfe St. Elisabeth eindeutig beschrieben. Diese Vereinbarung wird regelmäßig aktualisiert. Darüber hinaus steht den Mitarbeitenden der einrichtungsinterne „Einschätzungsbogen zur Kindeswohlgefährdung" zur Verfügung.

5.4. BESCHWERDEMANAGEMENT

Das Beschwerdesystem ist niedrigschwellig, damit Bewohner, Betreute, Angehörige, Kooperationspartner etc. ermutigt werden, Kritik zu äußern. Die Einrichtung nutzt kritische Rückmeldungen auch, um zu qualitativen Verbesserungen zu kommen.
Grundsätzlich gilt:
Jeder Mitarbeitende ist jederzeit dazu verpflichtet, eine Beschwerde entgegenzunehmen und im Rahmen des Meldewesens zu dokumentieren und an die Erziehungsleitung weiter zu geben.

Im Rahmen des Präventionskonzeptes ist die Beschwerde eine gute Möglichkeit, auf grenzverletzendes Verhalten aufmerksam zu werden und dieses zu bearbeiten. Betreute, Mitarbeitende und Andere können sich jederzeit an einen Mitarbeitenden ihrer Wahl wenden. Die jungen Menschen bekommen zum Einzug in die Jugendhilfe St. Elisabeth die Broschüre „Deine Rechte in der Jungendhilfe St. Elisabeth" überreicht, in denen ihre Rechte formuliert sind. Die Broschüre soll den Einzug erleichtern und über Rechte und Beschwerdewege informieren. Darin sind ausdrücklich auch versierte, externe Ansprechpartner benannt.

Im Gruppenalltag sind Gesprächsangebote mit den Gruppenmitgliedern verankert und werden gefördert, zum Beispiel in Einzelgesprächen, Hilfeplanvorbereitung oder während des Zubettgehens. Die Kinder nutzen diese verschiedenen Möglichkeiten, um ihre Bedürfnisse, Wünsche und Probleme mit Mitarbeitenden oder anderen jungen Menschen zu besprechen, und werden dazu ermutigt, ihre Themen vorzubringen. Darüber hinaus finden regelmäßig Gesprächsrunden statt, in denen Anregungen und Beschwerden thematisiert werden können, zum Beispiel in der Mittagsrunde, Abendrunde und in dem Gruppengespräch.

Fachlich und politisch wird aktuell über die Errichtung von sogenannten Ombudstellen für junge Menschen nachgedacht. Unabhängig von abschließenden Entscheidungen wird in der Einrichtung über die Einrichtung einer Ombudstelle bzw. die Bestellung einer Ombud- oder Fürsprecherperson für die jungen Menschen der Jugendhilfe St. Elisabeth beraten.

6. HANDLUNGSABLÄUFE BEI GRENZVERLETZUNGEN/ ÜBERGRIFFEN

Die nachfolgend abgebildeten Handlungsabläufe zeigen zum einen den Ablauf bei Grenzüberschreitungen durch Mitarbeitende und zum anderen durch Kinder und Jugendliche. Unter diesen Grenzüberschreitungen werden alle Gewaltformen gefasst.
Diese Abläufe setzen bereits vor dem konkreten Verdacht an und verpflichten schon bei einem „komischen Gefühl" zu Maßnahmen. Die Dokumentation der Beobachtungen ist notwendig, um sensibel mit der Grenzüberschreitung umgehen zu können und eine Weitergabe zu ermöglichen.

Dies ist ein von Jugendlichen gestaltetes Motiv aus der Postkartenserie
„Würde gern anders ...", Postkarten für Respekt und gegen Gewalt.
(Eine Aktion der Jugendhilfe St. Elisabeth Dortmund in Zusammenarbeit mit der win2win-gGmbH Oldenburg)

Durch die Handlungsketten sind die Abläufe eindeutig geregelt. Sie unterscheiden zwischen einer Vermutung und einem Verdacht. Grundsätzlich sollte ein Verdacht immer begründet sein. Die Grenzen sind allerdings häufig nicht eindeutig zu ziehen. Ein Verdacht kann sich aber auch als falsch erweisen. In diesem Fall besteht die Verpflichtung, damit verantwortlich umzugehen und daraus zu lernen. Sollte sich der Verdacht nicht bestätigen, müssen die Vermutungen zurückgenommen werden und es muss für Rehabilitation gesorgt werden. Die Unterstützung, einen falschen Verdacht zu verarbeiten, gehört zur Fürsorgepflicht des Trägers.

Bis zur endgültigen Klärung des Sachverhalts, bei tatsächlichen Anhaltspunkten für sexuellen Missbrauch, muss sich der Träger an der Annahme orientieren, der Missbrauch habe stattgefunden, weil sonst keine Maßnahmen zum Schutz der Opfer möglich sind.

Im Zweifel muss für den Kinderschutz gehandelt werden. Die rechtliche Unschuldsvermutung bleibt davon unberührt.

Die Aufgabe zu entscheiden, ob tatsächliche Anhaltspunkte für eine Sexualstraftat im Sinne eines erhärteten oder erwiesenen Verdachts vorliegen, obliegt der Leitung der Einrichtung. Die unmittelbar wichtigen Maßnahmen, den Kinderschutz zu gewähren, sind dann zu treffen. Bei tatsächlichen Anhaltspunkten für das Vorliegen einer Straftat wird grundsätzlich davon ausgegangen, dass Strafanzeige gestellt wird, wenn die Situation oder der Wille des Opfers nicht entgegenstehen. [19]

[19] vgl. Meyer-Deters, W.: Bundesweite Fortbildungsoffensive 2010-2014.

Handlungsablauf bei vagem oder begründetem bzw. erwiesenem Verdacht auf Grenzverletzung, Übergriff oder Straftat durch **Mitarbeitende**

Jugendhilfe St. Elisabeth
Jugendhilfeeinrichtung
Kath. St.-Johannes-Gesellschaft Dortmund gGmbH

Vermutung einer Grenzverletzung oder eines Übergriffs – vager Verdacht (Anfangsverdacht)

Im Zusammenleben einer Gruppe kann es verschiedene Hinweise auf grenzverletzendes oder übergriffiges Verhalten geben:

- Kinder und Jugendliche, die Grenzverletzungen oder Übergriffe erleiden, verhalten sich „ungewöhnlich“ und Mitarbeitende nehmen dies wahr
- Kinder und Jugendliche, die Grenzverletzungen oder Übergriffe erleiden, machen Andeutungen oder äußern sich konkret
- Mitarbeitende erhalten Informationen von Dritten

Was ist zu tun?[1]

- Dokumentation von Beobachtungen mit Datum und Uhrzeit an Hand eines Meldebogens
- Kollegial beraten
- Sofortige Weitergabe an Leitung[2]
- Schutzmaßnahmen für die betroffenen jungen Menschen prüfen und sicherstellen
- Hinzuziehung der einrichtungsinternen Kinderschutzfachkraft durch Leitung oder Hinzuziehung einer internen oder externen Fachkraft zur Beratung
- Planung von Aufdeckungs- und Klärungsgesprächen durch die entsprechenden Fachkräfte
- Leitung sorgt für Transparenz in der Gruppe und nach Bedarf in der Einrichtung
- Eventuell Einberufen einer Helferkonferenz oder eines Hilfeplangesprächs für alle betroffenen Personen
- Weitergabe an Geschäftsführung durch Leitung
- Anhörung der unmittelbar und mittelbar betroffenen Kinder durch Fachleute der Einrichtung
- Ggf. Strafanzeige nach Absprache mit externen Beratern und Jugendamt
- Alle weiteren Hilfen sollten ab diesem Zeitpunkt außerhalb der Gruppe stattfinden und an der Belastbarkeit

eindeutige Hinweise auf Grenzüberschreitungen oder Übergriffe, durch Schilderung des Opfers oder durch eindeutige Hinweise Dritter. Ist ein Verdacht erhärtet bzw. erwiesen durch eindeutige Erkenntnisse, ist sofortiges Handeln im Sinne des Kinderschutzes erforderlich. Bei der Einschätzung, dass eine Straftat vorliegt, ist die Strafverfolgung einzuleiten. Die Entscheidungsverantwortung liegt bei der Leitung.

Was ist zu tun?

- Sofortige Maßnahmen zum Schutz des/r betroffenen Kinder/Jugendlichen
- Weitergabe an Geschäftsführung durch Leitung
- Gespräch mit den mittelbar und unmittelbar betroffenen Kindern/Jugendlichen durch eine qualifizierte Fachkraft der Einrichtung oder durch eine externe Fachkraft
- Konfrontationsgespräch mit dem verdächtigten Mitarbeitenden
- Weitergabe an Landesjugendamt, örtliches Jugendamt, Eltern oder Vormünder durch die Leitung
- Einschaltung der Ermittlungsbehörden unter Berücksichtigung der Situation des Opfers
- Information an die Mitarbeitervertretung
- Einbeziehung der personalverantwortlichen Abteilung durch Leitung
- Ggf. Suspendierung vom Dienst
- Ggf. Einleitung arbeitsrechtlicher Konsequenzen
- Helferkonferenz oder Hilfeplangespräch für alle betroffenen Kinder/Jugendlichen
- Einleitung von weiteren Hilfsmaßnahmen für die betroffenen Kinder, sofern sie diese annehmen können
- Ggf. Einleitung von weiteren Hilfsmaßnahmen für Betreuende und Eltern

Wenn sich die Vermutung nicht bestätigt

Was ist zu tun?

- Rücknahme der Vermutung gegenüber allen Personen und schriftlicher Aktenvermerk
- Rehabilitation des Mitarbeitenden vor allen Beteiligten
- Unterstützung bei der Verarbeitung des unbegründeten Vorwurfs

6.1. HANDLUNGSABLAUF MITARBEITENDE

Handlungsablauf bei vagem oder begründetem bzw. erwiesenem Verdacht auf Grenzverletzung, Übergriff oder Straftat durch Kinder/Jugendliche

Jugendhilfe St. Elisabeth
Jugendhilfeeinrichtung
Kath. St.-Johannes-Gesellschaft Dortmund gGmbH

Vermutung einer Grenzverletzung oder eines Übergriffs – vager Verdacht (Anfangsverdacht)

Eine Vermutung ist ein Eindruck, ein noch nicht zu beweisendes Gefühl, jemand überschreitet Grenzen oder wird übergriffig, ohne dass es bisher an konkreten Handlungen festgemacht werden kann. Durch konkreter werdende Beobachtungen und/oder durch Hinweise anderer Personen, die ähnliche Wahrnehmungen oder Vermutungen haben, kann ein Anfangsverdacht entstehen.

Was ist zu tun?[1]

- Dokumentation von Beobachtungen mit Datum und Uhrzeit an Hand eines Meldebogens
- Kollegial beraten
- Sofortige Weitergabe an Leitung
- Schutz des Kindes sicherstellen in Absprache mit der Leitung
- Hinzuziehung der einrichtungsinternen Kinderschutzfachkraft durch Leitung oder Hinzuziehung einer internen oder externen Fachkraft zur Beratung
- Planung von Aufdeckungs- und Klärungsgesprächen durch die entsprechenden Fachkräfte
- Anhörung der unmittelbar und mittelbar betroffenen Kinder/Jugendliche durch Fachleute der Einrichtung

[1] Die Auflistung legt nicht die Reihenfolge der Bearbeitung fest. [2] Mit Leitung sind immer Erziehungsleitung und Einrichtungsleitung gemeint.

Begründeter oder erhärteter/erwiesener Verdacht

Ein begründeter Verdacht entsteht durch eindeutige Beobachtungen von Grenzüberschreitungen, durch eindeutige Hinweise auf Grenzüberschreitungen oder Übergriffe, durch Schilderung des Opfers oder

- Leitung sorgt für Transparenz in der Gruppe und nach Bedarf in der Einrichtung
- Weitergabe an Landesjugendamt, örtliches Jugendamt, Eltern oder Vormünder durch die Leitung
- Eventuell Einberufen einer Helferkonferenz oder eines Hilfeplangesprächs für alle betroffenen Personen
- Weitergabe an Geschäftsführung durch Leitung
- Ggf. Strafanzeige nach Absprache mit externen Beratern und Jugendamt
- Alle weiteren Hilfen sollten ab diesem Zeitpunkt außerhalb der Gruppe stattfinden und an der Belastbarkeit des Opfers sowie der Bereitschaft, weitere Hilfen anzunehmen, ausgerichtet sein
- Übergriffige Kinder und Jugendliche müssen diagnostiziert und ggf. therapiert werden

Wenn sich die Vermutung nicht bestätigt

Was ist zu tun?

- Rücknahme der Vermutung gegenüber allen Personen und schriftlicher Aktenvermerk
- Rehabilitation des/r Beschuldigten vor allen Beteiligten
- Unterstützung bei der Verarbeitung des unbegründeten Vorwurfs

Handlungsablauf bei Verdacht auf sexualisierte Gewalt

Jugendhilfe St. Elisabeth
Jugendhilfeeinrichtung
Kath. St.-Johannes-Gesellschaft Dortmund gGmbH

Anfangsverdacht: Was ist zu tun?

- Bei Vermutung oder vagem Verdacht (Anfangsverdacht) gilt es ebenfalls, genau zu beobachten und zu dokumentieren.
- Leitung ist sofort zu informieren.
- Sexuelle Grenzverletzungen, sowohl von Kindern/Jugendlichen als auch von Mitarbeitenden, bedürfen einer fachlichen Bearbeitung und Intervention im Team.

Begründeter/erhärteter Verdacht: Was ist zu tun?

- Bei tatsächlichen Verdachtsmomenten (begründeter Verdacht) sind Schutzmaßnahmen vorzunehmen.
- Bei begründetem bzw. erhärtetem Verdacht gegen Mitarbeitende entscheiden Leitung und Träger über die Einschaltung der Ermittlungsbehörden und dienstrechtliche Konsequenzen (Suspendierung, Kündigung).

Bei allen Interventionsmaßnahmen ist zu beachten:

- Nicht das Opfer, sondern der Täter oder die Täterin muss die Gruppe verlassen.
- Gemeinsame Gespräche mit Opfer und Täter schaden dem Opfer.
- Opfer und Zeugen sexualisierter Gewalt haben einen Anspruch auf parteiliche und geschlechtsspezifische Beratungsangebote – auch die nicht unmittelbar betroffenen Mädchen und Jungen der Gruppe.
- Sexuell übergriffige Jugendliche und jugendliche Täter müssen diagnostiziert und falls notwendig therapeutisch behandelt werden. Sie haben einen Anspruch auf eine spezialisierte ambulante oder

Wenn sich die Vermutung nicht bestätigt

Was ist zu tun?

- Rücknahme der Vermutung gegenüber allen Personen und schriftlicher Aktenvermerk
- Rehabilitation des/r Beschuldigten vor allen Beteiligten
- Unterstützung bei der Verarbeitung des unbegründeten Vorwurfs

6.3. HANDLUNGSABLAUF BEI VERDACHT AUF SEXUALISIERTE GEWALT

Dies ist ein von Jugendlichen gestaltetes Motiv aus der Postkartenserie
„Würde gern anders ...", Postkarten für Respekt und gegen Gewalt.
(Eine Aktion der Jugendhilfe St. Elisabeth Dortmund
in Zusammenarbeit mit der win2win-gGmbH Oldenburg)

7. ANHÄNGE

Jugendhilfe St. Elisabeth
Jugendhilfeeinrichtung
Kath. St.-Johannes-Gesellschaft Dortmund gGmbH

JUGENDHILFE LEITLINIEN

KATH. ST.-JOHANNES-GESELLSCHAFT
DORTMUND gGmbH
Kranken- und Pflegeeinrichtungen

info@jugendhilfe-elisabeth.de
www.jugendhilfe-elisabeth.de

HALTUNGEN DER MITARBEITER

Die Grundlagen unseres erzieherischen Handelns sind Wertschätzung und Struktur.

Beides sind wesentliche Bestandteile unseres professionellen Handelns. Die Struktur bedarf der authentischen und kongruenten Haltung. Die Struktur lebt durch die glaubwürdige Haltung der verantwortlichen Erwachsenen. Die Haltung benötigt eine Entsprechung in klaren Strukturen, die den jungen Menschen Orientierung bietet und die familiären Bezugspersonen aktiv miteinbezieht.

◊ Die Grundlage der **Leitlinien** bilden das Leitbild und die **Führungsgrundsätze** des Trägers, sowie die Leistungsbeschreibung der Einrichtung.

◊ Die **individuelle Lebenslage** des einzelnen jungen Menschen ist Richtschnur des Handelns in der Einrichtung.

◊ Dafür tragen Mitarbeiter die Verantwortung in Hilfeplanung, Erziehungsplanung und deren Umsetzung. Die Entwicklung des Kindes und damit die **Hilfeplanung** sind **als Prozess** zu verstehen. Biografiearbeit, Diagnostik, Familiendynamik, kulturelle, ethnische Hintergründe, Geschlechterfragen u. a. sind Bestandteile des **Fallverstehens**. Dieses ist für eine Hilfeplanung unerlässlich. Das Handeln mit dem Kind und der Gruppe ist die Basis der **Beziehungsgestaltung** und der Entwicklung einer **Vertrauensebene**. In diesem Beziehungsgeschehen ist die Rolle, die die Erziehungsperson für das Kind darstellt, ständig zu reflektieren.

◊ Jede Form der Äußerung und Darstellung des Kindes oder Jugendlichen selbst ist im Rahmen des Prozesses einzubeziehen. Das **Prinzip** der **Partizipation** ist ein wesentlicher Baustein unseres Handelns nicht nur in der Hilfe- und Erziehungsplanung, sondern auch im pädagogischen Alltag (Gruppenbesprechungen, Gruppensprechertreffen, Tagesreflexion, Meckerkasten...) Dies gilt in entsprechender Form auch für die bedeutsamen Personen der Familie und des Umfeldes des Kindes.

◊ Allen Verantwortlichen der Einrichtung ist daran gelegen, eine **angenehme Atmosphäre** für und mit den zu Betreuenden zu schaffen. Es ist in der stationären Erziehungshilfe davon auszugehen, dass die Kinder und Jugendlichen unter der Trennung von der Familie leiden und ihre schwierige Lebenslage sie sehr verunsichert.

◊ In jedem Wohnbereich soll eine Gruppenkultur und ein für die Kinder und Jugendlichen nachvollziehbares Gruppengefühl erkennbar sein.

◊ **Die Mitarbeiter sind sich ihrer Rolle als Vorbilder bewusst: vormachen, mitmachen, selber machen.**

◊ Bei Beschädigungen, Diebstählen ... gehen wir der Sache nach!

◊ Solche Vorkommnisse werden umgehend bearbeitet. **Das Prinzip der Wiedergutmachung** steht im Vordergrund. Dies kann eine reale (Wertersetzung) oder eine symbolische Handlung (z. B. Tätigkeiten für den/die Betroffenen) sein. Wichtig: die **Zuständigkeit** der **Mitarbeiter** wird definiert („wer kümmert sich"). Sind Kinder und Jugendliche verschiedener Gruppen beteiligt, ist jeweils ein MA zuständig. Einer von ihnen ist verantwortlich für den Abschluss des Vorganges!

◊ Alle Kollegen unterstützen sich durch **kritisches Feedback.** Dabei wird ein wertschätzender, offener und transparenter Umgang gepflegt, im Sinne der Vorbildfunktion.

◊ Die diensthabenden Mitarbeiter sind für die **Aufsicht** der Bewohner **verantwortlich.** Sie wissen, wo die Kinder sich aufhalten, außerhalb oder innerhalb des Geländes. Die Regeln für einzelne Kinder werden im Team besprochen und mit den Kindern verbindlich festgelegt. Bei zu erwartendem kritischen Verhalten ist erhöhte Aufmerksamkeit der Mitarbeiter vonnöten. Regelmäßige **Präsenz auf dem Einrichtungsgelände** ist erforderlich, auch in der Freizeit der Kinder und Jugendlichen.

TAGESGESTALTUNG UND TAGESSTRUKTUR

◊ In der wöchentlichen Teamsitzung werden **Betreuungsangebote** geplant. Dabei werden die Interessen und Bedürfnisse der jungen Menschen berücksichtigt sowie die Stärken der Mitarbeiter. Diese werden in regelmäßigen Abständen besprochen und reflektiert. Neu erworbene Kompetenzen und Kenntnisse werden aktualisiert.

◊ Hauswirtschaftliche Arbeiten (Wäsche, Küche, Zimmer, ggf. Reinigung), Verwaltungs- und Aufräumtätigkeiten werden überwiegend vormittags erledigt und mit in den **Tagesstrukturplan** aufgenommen. Dabei ist die Wohngruppe morgens in Ordnung zu bringen, am Abend wird die Grundordnung wieder hergestellt. Die Kinder und Jugendlichen werden im Rahmen ihrer Möglichkeiten einbezogen. Das Ziel ist, dass sie durch das Vorbild der Mitarbeitenden Ordnung und Struktur erlernen.

◊ Verwaltungsaufgaben (Aktenpflege, Dokumentation, Kasse etc.) werden möglichst in der betreuungsfreien Zeit erledigt. Dafür werden Zeiten für die einzelnen Mitarbeiter im Wochenplan festgelegt. Das Büro ist dafür der Arbeitsraum. Im Gruppenalltag ist das Büro kein Aufenthaltsraum. Der/die Pädagoge/in halten sich mit den Kindern im **Lebensraum** Gruppe auf.

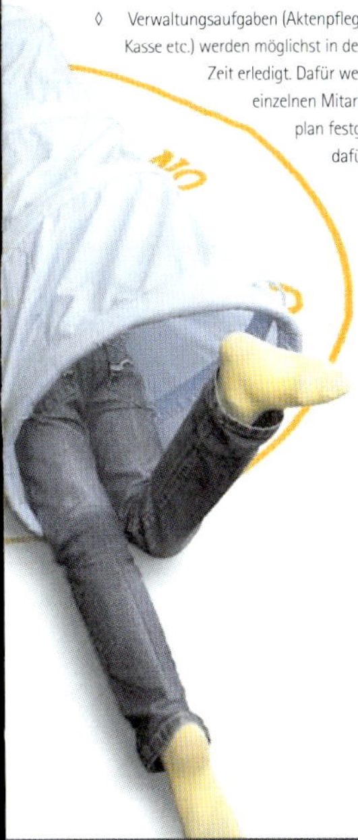

◊ Die Mitarbeiter sind verantwortlich für das **Wohnhaus**, das **Inventar** der Gruppe und der Einrichtung sowie für das **Gelände**. Ordnung und Sauberkeit um das Wohnhaus herum werden täglich geprüft und hergestellt. Dabei werden die Kinder und Jugendlichen einbezogen. Diese **„Kultur"** muss erarbeitet werden, z. B. durch abendliche „Runden".

◊ **Die Zimmer der Bewohner** werden regelmäßig mit ihnen gestaltet bzw. in Ordnung gebracht. Die Eltern können miteinbezogen werden (z. B. bei Neuaufnahmen in der Gruppe). Dabei wird das Zimmer als **Intimsphäre** des Kindes oder Jugendlichen wertgeschätzt. (siehe dazu: Regeln des Präventionskonzeptes)

◊ Ein wesentlicher Bestandteil der Tagesstruktur sind **Rituale** wie das Verabschieden und in Empfang nehmen der jungen Menschen im Alltag oder die Gestaltung fester Zeiten (Mahlzeiten, „aus der Schule kommen", zu Bett bringen). Zur Gruppenkultur gehört die Gestaltung besonderer Anlässe (Geburtstage, Festtage, Gruppenfeiern...) und der **Übergänge** in neue Lebensphasen. Ein solcher Übergang kann die Aufnahme oder die Entlassung sein oder der Wechsel in eine andere Gruppe. Aber auch innerhalb einer Wohngruppe sind Übergangsrituale als Zeichen von Entwicklung der Kinder und Jugendliche zu erarbeiten.

◊ Um den Kindern und Jugendlichen **Orientierung** zu bieten, sind die Mitarbeitenden angehalten, den Bewohnern zu Antworten hinsichtlich ihrer **Sinnfragen** zu verhelfen. **Christliche Werte** und Rituale werden im Sinne einer **religionssensiblen Erziehung** gelebt und in den Alltag integriert. Dies ist in unserem Seelsorgekonzept verankert. Auch nicht christliche Religionen haben ihren Platz.

◊ Bestimmte **Versorgungsleistungen**, wie eine regelmäßige, ausreichende und gesunde Ernährung, das Achten auf eine angemessene äußere Erscheinung des Kindes und eine ansprechende Zimmergestaltung sowie sinnvolle Beschäftigungsangebote sind sicher zu stellen. Sanktionen durch Entzug von Versorgungsleistungen widersprechen der christlichen Orientierung und damit der Grundhaltung der Einrichtung.

Jugendhilfe St. Elisabeth

SELBSTVERANTWORTUNG UND SELBSTORGANISATION DER MITARBEITER

- Der einzelne Mitarbeiter ist verantwortlich für seine **eigene Weiterentwicklung** im persönlichen und fachlichen Bereich. Träger und Leitung unterstützten ihn durch das Angebot der Führungsgespräche (z.B. Mitarbeitergespräch), durch Beratung, durch Fortbildungs- und Fachveranstaltungen. Selbststudium und die Initiative, den eigenen Entwicklungsprozess voranzutreiben, sind jedoch unerlässlich, um eine zielführende und erfolgreiche Erziehungsarbeit zu gestalten. Unterschiedliche „Laufgeschwindigkeiten" der Mitarbeitenden werden dabei als selbstverständlich angenommen.

- Die **Selbstorganisation eines Teams** ist ein wichtiger Baustein. Verbindlichkeit und Transparenz sowie eine gemeinsame Zielorientierung sind für alle Teammitglieder die Basis für ein gutes Miteinander. Jeder trägt seinen fairen Beitrag zur Teamarbeit bei. Durch das Angebot von Beratung, begleitete Teamentwicklungsprozesse und Supervisionen unterstützen Träger und Leitung die Teamarbeit. Die konkrete Arbeitsorganisation und die verbindlichen Teamregeln verantwortet die Gruppenleitung und erarbeitet diese mit den Teammitgliedern. Das Team ist mitverantwortlich für die **Weiterentwicklung** des Konzeptes.

- Ein wesentlicher Baustein der Weiterentwicklung der Einrichtung sind **Projekt- und Arbeitsgruppen**, die themen- und aufgabenbezogene Aufträge haben. Über die Gruppenleiterkonferenz werden Arbeitsergebnisse zur Umsetzung gebracht.

- Jeder Mitarbeiter ist im Innen- und Außenfeld ein **Repräsentant der Einrichtung**.

- Durch persönliche Anleitung, Einführungsveranstaltungen und Informationen (Einarbeitungs-Checkliste, Konzepte, Qualitätshandbuch, Konzept zur Gewaltprävention etc.) werden neue Kollegen unterstützt, um ihre verantwortungsvolle Rolle ausfüllen zu können.

- Neben dem Prinzip des kritischen Feedbacks steht die **kollegiale Zusammenarbeit** zum Wohle der jungen Menschen, der Mitarbeiter selbst und der Einrichtung. Die Grundidee „der Nachbar ist mein Freund" setzt einen kollegialen Wettbewerb nicht außer Kraft, sondern versteht ihn als Ansporn und Hilfestellung. Die konkrete und transparente Zusammenarbeit führt zu gemeinsamen Aktivitäten und dadurch auch zu einer gemeinsamen Kultur in der Erziehungsarbeit.

(Diese Leitlinien wurden von der Gruppenleiterkonferenz erarbeitet auf der Basis vorhergehender Projektgruppenarbeiten. An den Projektgruppen waren Mitarbeiter aller Arbeitsbereiche der Jugendhilfe St. Elisabeth beteiligt.)

Immer, wenn in diesem Text zur Vereinfachung von „Mitarbeitern" und „Bewohnern" die Rede ist, sind beide Geschlechter gemeint.

Überarbeitete Version, Stand: 01.2013

Selbstverpflichtungserklärung

Jugendhilfe St. Elisabeth

Nachname	Vorname	Geburtsdatum

Die katholische Kirche will Mädchen und Jungen, jungen Frauen und Männern Lebensräume bieten, in denen sie ihre Persönlichkeit, ihre Fähigkeiten und Begabungen entfalten können. Dies sollen geschützte Orte sein, in denen junge Menschen sich angenommen und sicher fühlen. Kinder und Jugendliche brauchen und finden Vorbilder, die sie als eigenständige Persönlichkeiten respektieren und unterstützen und denen sie vertrauen können. Die Verantwortung für den Schutz von Mädchen und Jungen liegt bei den ehrenamtlichen und haupt- und nebenberuflichen Mitarbeiterinnen und Mitarbeitern im Gesamtfeld der kirchlichen Arbeit im kinder- und jugendnahen Bereich. Diese sind zu einem reflektierten Umgang mit ihren Schutzbefohlenen und zur zeitnahen und angemessenen Thematisierung von Grenzverletzungen verpflichtet, die durch ihre Kolleginnen und Kollegen oder durch die von ihnen anvertrauten Mädchen und Jungen, jungen Frauen und Männern begangen worden sind. Dies wird durch die Unterzeichnung dieser Selbstverpflichtungserklärung bekräftigt.

Ich verpflichte mich, alles in meinen Kräften Stehende zu tun, dass niemand den mir anvertrauten Mädchen und Jungen, jungen Frauen und Männern seelische, körperliche oder sexualisierte Gewalt antut.

1. Ich unterstütze die Mädchen und Jungen, jungen Frauen und Männer in ihrer Entwicklung zu eigenverantwortlichen, glaubens- und gemeinschaftsfähigen Persönlichkeiten. Ich stärke sie, für ihr Recht auf seelische und körperliche Unversehrtheit und auf ihr Recht auf Hilfe wirksam einzutreten.
2. Meine Arbeit mit den mir anvertrauten Mädchen und Jungen, jungen Frauen und Männern ist geprägt von Wertschätzung und Vertrauen. Ich achte ihre Rechte und ihre Würde.
3. Ich gehe achtsam und verantwortungsbewusst mit Nähe und Distanz um. Ich respektiere die Intimsphäre und die persönlichen Grenzen der Scham der mir anvertrauten Mädchen und Jungen, jungen Frauen und Männer und meine eigenen Grenzen. Ich beachte dies auch im Umgang mit den Medien, insbesondere bei der Nutzung von Handy und Internet.
4. Ich bemühe mich, jede Form persönlicher Grenzverletzung bewusst wahrzunehmen und die notwendigen und angemessenen Maßnahmen zum Schutz der jungen Menschen einzuleiten. Ich beziehe gegen diskriminierendes, gewalttätiges und sexistisches Verhalten, ob in Wort oder Tat, aktiv Stellung. Verhalten sich die im kinder- und jugend-

elbstverpflichtungserklärung

Jugendhilfe St. Elisabeth

nahen Bereich tätigen Personen sexuell übergriffig oder körperlich gewalttätig, setze ich mich für den Schutz der Mädchen und Jungen, jungen Frauen und Männern ein. Ebenso greife ich ein, wenn die mir Anvertrauten andere in dieser Art attackieren. Ich höre zu, wenn sie mir verständlich machen möchten, dass ihnen durch weitere Menschen seelische, sexualisierte und körperliche Gewalt angetan wird. Ich bin mir bewusst, dass seelische, sexualisierte und körperliche Gewalt nicht nur von männlichen, sondern auch von weiblichen Tätern verübt wird und dass nicht nur Mädchen, sondern auch Jungen häufig zu Opfern werden.

5. Ich kenne die Verfahrenswege und bin über die Ansprechpartner bei meinem Träger, bei meinem Verband oder Erzbistum informiert. Ich weiß, wo ich mich beraten lassen kann oder bei Bedarf Hilfe zur Klärung und Unterstützung bekomme, und werde sie in Anspruch nehmen.
6. Ich bin mir meiner besonderen Vertrauens- und Autoritätsstellung gegenüber den mir anvertrauten Mädchen und Jungen, jungen Frauen und Männern bewusst und handele nachvollziehbar und ehrlich. Ich nutze keine Abhängigkeiten aus.
7. Ich bin mir bewusst, dass jede sexualisierte Handlung mit Schutzbefohlenen gegebenenfalls disziplinarische und strafrechtliche Folgen hat.
8. Ich wurde über Fragen des Kinder- und Jugendschutzes unter Berücksichtigung der Vorgaben oder Ordnung zur Prävention von sexuellem Missbrauch an Minderjährigen des Erzbistums Paderborn informiert und verpflichte mich, an Schulungen meines Dienstgebers teilzunehmen. Über das Präventionskonzept der Einrichtung bin ich unterrichtet worden, die entsprechenden Verfahrensanweisungen habe ich zur Kenntnis genommen.
9. Ich versichere, dass ich nicht wegen einer Straftat im Zusammenhang mit sexualisierter Gewalt [20] rechtskräftig verurteilt worden bin und auch insoweit kein Ermittlungsverfahren gegen mich eingeleitet worden ist. Für den Fall, dass diesbezüglich ein Ermittlungsverfahren gegen mich eingeleitet wird, verpflichte ich mich, dies meinem Dienstvorgesetzten bzw. der Person, die mich zu meiner ehrenamtlichen Tätigkeit beauftragt hat, umgehend mitzuteilen.

____________________ Ort/Datum

____________________ Unterschrift

§171, 174c bis, 176 bis 180a, 181a, 182 bis 184F, 225, 232 bis 233a, 234, 235 oder 236 StGB

UNSER LEITBILD/ZUKUNFTSBIL

In christlicher Gesinnung begegnen - handeln - wirken ...

VON MENSCH ZU MENSCH
Herzlichkeit und Menschlichkeit in jeder Begegnung, einfach und natürlich. Der Mensch steht im Mittelpunkt: Das ist der Ausgangspunkt unseres Wirkens von Mensch zu Mensch - für alle Generationen, ohne Ausnahmen.

ZEIT schenken ZEIT nehmen
Zeit ist kostbar. Wir nehmen uns Zeit für unser Gegenüber, jetzt! Das ist gelebte Nächstenliebe und oft das schönste Geschenk – immer wieder.

Anvertrauten zum Leben verhelfen...

schützen
Verantwortungsvoll bieten wir umfassende, individuelle Hilfestellungen in einem natürlichen Klima des Vertrauens und der Geborgenheit.

erziehen
«Leben lernen» ist lebensnotwendig – immer wieder. Ob Orientierung geben, Grenzen aufzeigen, Neues üben – wir betreuen und beraten.

fördern
Entwicklung und Gesundheitsförderung generell (körperlich und seelisch) unterstützen wir gezielt durch Informations- und Weiterbildungsangebote.

therapieren
Bei der therapeutischen Versorgung der uns Anvertrauten sind wir höchsten ethischen, medizinischen und technischen Standards verpflichtet.

pflegen
Einfühlende Anteilnahme und ein sympathischer, freundlicher Umgang mit Patienten und Angehörigen ergänzen die optimale Pflege.

heilen
Hoffnung hegen, Schmerz lindern, Genesung fördern, Fortschritt sehen: Wir sind da – und wir übersehen nichts, was Freude bringen kann.

...trösten, stärken, begleiten unterwegs

trösten und stärken
Wo Menschen krank sind oder sich auf die letzte Wegstrecke begeben, kann eine behutsame, respektvolle Begleitung viel Zuversicht und Trost bewirken. Schmerzen werden gelindert und soviel Nähe geschaffen, wie es erwünscht ist – auch zu begleitenden Angehörigen.

Gemeinsam professionell handeln

Nr.1 · Q · p d c a

Wo wir handeln, tun wir es mit dem Anspruch hoher Professionalität. Daran orientieren sich Qualitätssysteme, Technologie und Infrastruktur ebenso, wie die gezielte Förderung der Mitarbeitenden oder die Verfahrensoptimierung – natürlich umweltgerecht und nachhaltig.

Begegnen - wir leben unsere Werte

Freundlichkeit – Ein freundliches Lächeln ist der Sonnenschein in unseren Begegnungen. Daraus wird echte Wärme spürbar – bis ins Herz.

Vertrauen – Auf uns ist Verlass, einzeln und im Team. Dank Ehrlichkeit und Loyalität arbeiten wir effizient in einem Klima des vollen, gegenseitigen Vertrauens.

Respekt – Echte Wertschätzung ist wahrnehmbar. Sie verlangt von uns hohen gegenseitigen Respekt und eine positive, tolerante Grundhaltung.

Offenheit – Ungewohntes und Fremdes fordert uns immer wieder neu – menschlich wie fachlich. Wir gehen darauf ein, bleiben lernfähig und ausdauernd.

Führen als Vorbild

siehe auch Kurzschrift «Führungsgrundsätze»

Führung wirkt jetzt und blickt in die Zukunft. Umfeld wie Unternehmen beobachten wir sehr aufmerksam und ziehen sorgfältig unsere Schlüsse.

Was wir vertreten und verlangen leben wir selber vor, denn nur das überzeugt. Stets am Puls unserer Teams, schaffen wir möglichst optimale Voraussetzungen zum gemeinsamen Erfolg.

Dabei fördern und fordern wir uns gegenseitig und entwickeln hohe, aktuelle Fachkompetenzen.

Unser Leitbild soll nicht nur an der Wand hängen: Wir verinnerlichen die Botschaften in unseren Köpfen, nehmen sie uns zu Herzen und handeln danach.

Beitragen im Team / Kommunikation

kollegial, mit Herzblut – In Teams sind wir unterwegs, brauchen einander auf unserem Weg zum Ziel. Was wir tun und wie wir es gemeinsam angehen, soll begeistern.

Kommunikation – Dass wir uns gegenseitig verstehen und verständigen können ist entscheidend. Indem wir Widerspruch zulassen und achtsam klären, gewinnen wir sachlich und menschlich an Format.

Wir tun was wir sagen – absolut verbindlich.

Partnerschaft – langfristig und verlässlich

Für die Bevölkerung wollen wir klar die «Beste Wahl» sein. Ärzte, Kassen und Lieferanten tragen als Partner massgeblich zu diesem Erfolg bei.

zum Nutzen aller – Diese Partnerschaften gestalten wir generell zum gemeinsamen langfristigen Nutzen. Wir schätzen und fördern die kooperative Zusammenarbeit mit allen Beteiligten.

eitbild siehe Seite 16/17

Wir sind bereit

(Akkordfolge : Am-G-C-F)

*1. Gewaltig engagiert gegen Gewalt
Drei Tage Haus Villigst mitten im Wald
Haben wir die Köpfe ineinander gesteckt
Haben Gewaltiges gegen Gewalt entdeckt*

*2. Viel passiert und viel getan
Von 13 bis 53 Jahr´n
Von früh bis spät bis mitten in die Nacht
Geredet, gestritten und auch gelacht*

*3. Gewaltiges Vertrauen durch
den Drahtseilakt
Durch deine Schutzengel nicht
im Schlamm versackt
Einzeln sind wir hier angereist
Und als Truppe hier zusammen geschweißt*

*4. Wir sagen nun danke für die schöne Zeit
Bis bald Freunde, es hat uns gefreut
Oh ja, man vielen Dank für die schöne Zeit
Wir sind gegen Gewalt
und nun sind wir bereit*

*Wir sind bereit (3x)
Wir sind gegen Gewalt
und nun sind wir bereit*

Das Leben ist kein Ponyhof
Dominik
Daniel
Andreas
Karim
TIM
Desi
Martina
Rosemarie
HENDRIK
Wer glaubt zu sein hört auf zu werden!
Sarah
NOAH

Jugendhilfe St. Elisabeth

Einführung

Wenn du dieses Heftchen liest, wohnst du entweder schon bei uns oder dein Einzug bei uns wird noch überdacht oder vorbereitet.

Diese Information ist dazu gedacht, dir die Eingewöhnung bei uns zu erleichtern. Wir wollen dich über deine Rechte informieren. Auch darüber, was du von uns und während der Zeit bei uns erwarten darfst.

Jedes Kind und jede Familie ist anders. Wenn es im Zusammenleben so große Schwierigkeiten gibt, dass es für eine gewisse Zeit sinnvoll ist, nicht zusammen zu wohnen, bieten wir Hilfe und Unterstützung an.

Manchmal leben Kinder nur für eine kurze Zeit bei uns und manchmal ist es aber auch gut, dass Kinder, wenn es nötig ist, für längere Zeit bei uns leben können. Manche bleiben sogar so lange, bis sie eine eigene Wohnung beziehen oder ihre schulische oder berufliche Ausbildung beendet haben.

Nicht bei den Eltern leben zu können, ist für die meisten Kinder sehr schwer. Mit deinen Sorgen und Fragen bist du bei uns nicht alleine. Vielen geht es so.

Wir, die Mitarbeiter der Jugendhilfe St. Elisabeth, möchten, dass du dich bei uns wohlfühlst. Wir möchten deine Fragen beantworten, deine Sorgen teilen und dein „Großwerden" nach Kräften unterstützen.

Wenn du dir dieses Heftchen genau ansiehst, erkennst du einen Kompass. Viele von euch werden dieses Ding und dessen Funktion gar nicht kennen. Ein Kompass ist ein Hilfsmittel, mit dem man die Orientierung für die richtige Weg-Richtung finden kann; auch wenn man zwischenzeitlich einmal den bekannten Weg verlassen oder sich verlaufen hat.

Im übertragenen Sinne möchten wir für dich so etwas wie ein Kompass sein, der Orientierung bietet, neue Wege ermöglicht, Sicherheit vermittelt und dich bei der Suche nach „deinem Weg" unterstützt und begleitet.

Wir wünschen dir bei uns eine für deine Entwicklung gute Zeit und Gottes Segen.

Friedhelm Evermann, Einrichtungsleitung
Gabriele Hoffmann, Stellv. Einrichtungsleitung

DEINE RECHTE

Viele Menschen, die mit Kindern arbeiten und für sie verantwortlich sind, haben sich darüber Gedanken gemacht, was Kinder für eine gute Entwicklung benötigen.

Nicht nur in Deutschland, sondern auch in vielen anderen Ländern gibt es inzwischen gemeinsame Vereinbarungen und Kinderrechte, die unbedingt beachtet werden müssen.

Du findest diese Rechte nicht nur in dieser Broschüre, sondern auch auf einem Plakat in deiner Gruppe. Wenn du mit jemandem darüber reden möchtest oder Fragen hast, dann wende dich an einen Betreuer. Dieser wird gerne mit dir über deine Rechte sprechen und ist für Anregungen dankbar.

Du hast ein Recht darauf, ...

- nicht für Zwecke und Interessen anderer ausgenutzt zu werden,
- anerkannt und geschätzt zu werden, ganz gleich wie du bist und wo du herkommst,
- in Sicherheit leben zu können, geschützt zu werden und darauf vertrauen zu können, dass jemand für dich sorgt,
- gut leben zu können, ausreichend Nahrung und Kleidung zu haben und dass für deine Gesundheit gesorgt wird,
- in die Schule zu gehen, zu lernen und dich zu informieren; aber auch vor Medien, die dir schaden, geschützt zu werden,
- zu denken und zu glauben, was du willst, zu forschen, zu fragen und nachzudenken, um die Welt begreifen zu können,
- deine eigene Meinung zu vertreten, wir wollen Meinungen anderer akzeptieren, dazu wirst du ermutigt und man hört dir zu,
- mit zu entscheiden, wenn es um dich geht, alle Erwachsenen haben sich dafür einzusetzen, dass darauf geachtet wird und dass du bekommst, was du brauchst,
- dass du von anderen geachtet wirst, das gilt auch für Dinge, die dir gehören,
- dass für deine Zukunft das Beste getan wird.

Quelle: BVKE Kinderrechteplakat

WAS DU SONST NOCH WISSEN SOLLTEST

1. **Alle Mädchen und Jungen haben bei uns die gleichen Rechte.**
2. **Deine Meinung ist uns wichtig.**
   Darum finden regelmäßig Gruppenbesprechungen, Einzelgespräche und Befragungen der Kinder und Jugendlichen statt.
3. **Körperliche, sexuelle und geistige Gewalt darf es nicht geben.**
   Dazu zählen auch Mobbing und Gewalt durch Neue Medien.

Wenn du ein komisches Gefühl hast, dir Sorgen machst, dir jemand zu nahe kommt oder dir sogar etwas angetan hat, wende dich an einen Betreuer deines Vertrauens.

Wenn das nicht möglich ist, überlege, welchem Erwachsenen du dich anvertrauen kannst.

Manchmal ist es ein Lehrer, deine Eltern, Großeltern, die Leitung der Jugendhilfe St. Elisabeth oder jemand anderes aus der Einrichtung.

Es gibt viele Menschen, die sich gerne Zeit für dich nehmen, deine Sorgen ernst nehmen und dafür sorgen, dass dein Problem gelöst wird.

Wenn dir niemand einfällt, mit dem du dich traust über deine Sorgen zu sprechen, gibt es eine Nummer gegen Kummer, die alle Kinder in Deutschland anrufen dürfen. Diese Anrufe kosten nichts und dort sind Menschen am Telefon, die wissen, was in solchen Situationen zu tun ist.

Die Nummer gegen Kummer:
(0800) 111 0 111
(0800) 111 0 222
Oder Montag bis Freitag, 15:00 – 19:00 Uhr
(0800) 111 0 333

Außerdem arbeitet ein Mitarbeiter beim **Jugendamt in Dortmund,** der sich um **Kinderschutzfragen** kümmert. Auch er und seine Kollegen haben stets ein offenes Ohr für die Nöte und Sorgen von Kindern.

Kindernotrufnummer:
Montag bis Freitag, bis 15:00 Uhr (0231) 500
ab 15:00 Uhr (0231) 50 12345

Achte die Grenzen eines jeden Menschen

DEINE FAMILIE IST UNS WICHTIG

Auch wenn du im Moment nicht bei deiner Familie wohnen kannst, bleibt deine Familie immer deine Familie. Uns ist es wichtig, mit deiner Familie gut klar zu kommen, um für dich und deine Entwicklung das Beste zu erreichen.

Wenn es keine ganz wichtigen Gründe gibt, die dagegen sprechen, finden regelmäßige Kontakte zu deiner Familie statt. Möglich sind:

- Briefe,
- Telefonate,
- Besuche bei uns,
- Besuche bei deiner Familie entweder alleine oder in Begleitung eines Betreuers.

Wie genau diese Kontakte bei dir und deiner Familie stattfinden, wird mit dir in einem Gespräch besprochen, dass wir Hilfeplangespräch nennen. Auch die Betreuer sind regelmäßig mit deiner Familie im Gespräch.

DEINE ENTWICKLUNG IST UNS WICHTIG

Alle Kinder, die bei uns leben, haben ganz unterschiedliche Stärken und Talente. Diese möchten wir unterstützen, weiter ausbauen und mit dir gemeinsam entdecken, was noch alles in dir steckt.

Dazu bieten wir dir im Bedarfsfall:

- viele unterschiedliche Freizeitaktivitäten,
- schulunterstützende Angebote,
- Förderangebote,
- therapeutische Unterstützung,

und viele andere Dinge, die gerade du für deine Entwicklung benötigst. Was genau für dich von Bedeutung ist, wird ebenfalls mit dir im Hilfeplangespräch besprochen.

DEIN HILFEPLAN-GESPRÄCH

Im Hilfeplangespräch (HPG) wird mit deiner Beteiligung festgelegt, wie die Hilfe für dich gestaltet werden soll. Am Hilfeplangespräch nehmen ein Mitarbeiter des Jugendamtes, deine Eltern und/oder dein Vormund und dein Betreuer teil. Die Erwachsenen helfen dir, deine Wünsche vorzutragen und nehmen deine Meinung ernst. Du unterschreibst das Hilfeplangesprächsprotokoll, wenn alles darin steht, was besprochen wurde.

Die Art und Weise, wie diese Ziele erreicht werden sollen, werden mit dir geplant und besprochen (Erziehungsplanung).

WISSENSWERTES ÜBER DEINE GRUPPE

- In jeder Gruppe arbeitet ein Betreuerteam.
- Du bekommst einen Betreuer, der in besonderer Weise für dich da ist.
- Wir nennen das Bezugserzieher.
- Du wohnst in einem Ein- oder Zweibettzimmer, das du zum Teil mit gestalten kannst.
- Wenn du ungestört sein möchtest, hast du die Möglichkeit dein Zimmer zu verschließen.
- Deine persönlichen Wertsachen kannst du in einem dafür vorgesehenen Fach in deinem Zimmer verschließen.
- Es gibt Gruppenregeln, an die sich alle halten müssen; auch die Betreuer.
- Regelmäßig werden diese in einer Gruppenbesprechung überarbeitet.
- Einige Regeln sind zu deinem Schutz altersabhängig. Z.B. Medien-und Suchtmittelkonsum.

- Du bekommst abhängig von deinem Alter Taschengeld zur freien Verfügung.
- Jeden Tag erhältst du 3 – 4 Mahlzeiten.
- Wir legen besonderen Wert auf deine schulische und/oder berufliche Ausbildung.
- Zu deinem Schutz ist die Gruppe und die gesamte Einrichtung drogen- und rauchfreie Zone.
- Du darfst in Rücksprache mit den Betreuern gerne Besuch empfangen.
- Du kannst deine Freizeit bei uns abwechslungsreich gestalten.
- Die Betreuer sind verpflichtet, deine Entwicklung aufzuschreiben.
- Du darfst erfahren, was sie dokumentiert haben.
- Du wirst an deiner Entwicklung stets beteiligt.

DER AUSZUG NAHT

Der Aufenthalt in unserer Einrichtung ist immer zeitlich begrenzt. Der Auszug kann viele verschiedene Gründe haben.

- Du ziehst zurück zu deiner Familie.
- Du hast eine andere Familie, in der du leben kannst.
- Du bist schon so alt und selbständig, dass du in eine eigene Wohnung ziehst.
- Du hast es leider nicht geschafft, dich bei uns an die Absprachen und Regeln zu halten und es kam zu massiven Problemen und Auseinandersetzungen.
- Du findest in einer anderen Einrichtung eine bessere Förderung oder ein für dich besseres Umfeld.
- Du hast ein Alter erreicht, in dem du keine Hilfe durch das Jugendamt mehr bekommen kannst.

Egal, welche Gründe es für deinen Auszug gibt, du darfst mitbestimmen und hast die Möglichkeit weitere Hilfen zu bekommen.

Wenn du einen Rat oder Unterstützung brauchst, kannst du dich an uns oder das Jugendamt wenden.

Ein Wort zum Schluss

In einer Einrichtung wie der Jugendhilfe St. Elisabeth sind viele Erwachsene dafür zuständig, dass Kinder und Jugendliche reifen und stark werden können, und das ist gut so. Weitere Erwachsene außerhalb der Einrichtung sind ebenfalls beteiligt (Eltern, Sozialarbeiter, Therapeuten und noch weitere).

Natürlich müsst und sollt ihr selbst in eurer eigenen Sache mitdenken, mitreden und mittun!

Damit dies bestmöglich gelingt, gibt es diese Broschüre. Wir hoffen sehr, dass eure Beteiligung dadurch stark wird!

Für den Inhalt Verantwortliche: die erweiterte Leitung der Einrichtung. Redaktionell wurde der Text von Nico (Intensivgruppe) und von Vanessa (Kinderwohngruppe) begleitet.
Konzeption: www.gestaltend.de
Fotografie: Gerhard P. Müller (GPM). www.dortmund-bild.de
Stand: April 2013

Achte die Grenzen eines jeden Menschen

ORIGINALTÖNE AUS DEM WORKSH

Das haben wir bereits über Gewaltprävention gelernt: (Ergebnisse aus den Arbeitsgruppen im Workshop)

✔ Erst darüber reden
✔ Hilfe holen
✔ Vertrauen bekämpft Gewalt
✔ „Schiedsrichter" einsetzen
✔ Lass dich nicht von deiner Wut regieren
✔ Zeit nehmen für andere
✔ Regeln sind wichtig!
✔ Gemeinsames Tun verbindet
✔ Gemeinsame Regeln sind am besten
✔ Wir haben Ideen entwickelt, respektvoll miteinander umzugehen (z. B. Gemeinschaft, Pünktlichkeit, Zuhören)
✔ Große können von Kleinen lernen und umgekehrt
✔ Es gibt kein gut und böse
✔ In der Gemeinschaft kann man viel schaffen und arbeiten
✔ Offenheit zwischen Kindern und Erwachsenen
✔ Vertrauen und Ehrlichkeit kann vieles regeln
✔ Spaß gegen Gewalt
✔ Gelernt, sich mit den Problemen auseinander zu setzen und sich den Problemen zu stellen
✔ Nicht jeder weiß, was Respekt bedeutet
✔ Einhalten von Regeln ist wichtig
✔ Ich werde als Kind/Jugendlicher mit meinen Anliegen ernst genommen
✔ Gemeinsame Regeln helfen Gewalt verhindern
✔ Gefühle des anderen wahrnehmen und respektieren; Distanz bewahren
✔ Vertrauen im gemeinsamen Miteinander
✔ Empfindsam sein für die Gefühle des anderen

Jugendhilfe St. Elisabeth

TOBER 2011

Das haben wir bisher in der Einrichtung sehr gut gemacht:

- ✔ Wenn ein Problem bekannt ist, wird es gelöst
- ✔ Verständnis füreinander
- ✔ Grundstruktur
- ✔ Ich kann Menschen gut wahrnehmen
- ✔ Besuchende werden höflich begrüßt
- ✔ Ich respektiere alle Menschen so wie sie sind
- ✔ Wir helfen uns in Krisensituationen
- ✔ Ich kann zuhören und Lösungen finden
- ✔ Aktion zur Gruppenfindung
- ✔ Wiedergutmachungen
- ✔ Beschwerdemanagement (AGT, P.A.R.T.)
- ✔ Über das Thema Gewalt reden und sich darüber Gedanken machen
- ✔ Humor und Ernsthaftigkeit verbinden
- ✔ Gespräche führen ... Situationen besprechen und klären
- ✔ Die Offenheit der Gruppe (Erstaunen darüber, dass alle Teilnehmer so offen mit den Themen umgehen)
- ✔ Respektvoller Umgang in allen Situationen
- ✔ Es stimmt, dass Erzieher unter (verbaler) Gewalt leiden
- ✔ Erwachsene schaffen nichts alleine. Gemeinsam kann man Lösungen finden
- ✔ Zusammenhalt der Workshop-Gruppe
- ✔ In der Lerngruppe gut mitarbeiten
- ✔ Wir können uns an Regeln halten
- ✔ Humorvoller Umgang mit dem Thema Gewalt, aber dennoch ernsthaft bleiben
- ✔ Gruppensprecher als Vertreter und Vermittler der Gruppe
- ✔ Rituale, die den Tag mit einem guten Gefühl beenden
- ✔ Individuelle Kind-Regeln, um Verhalten einzuüben

Achte die Grenzen eines jeden Menschen

Folgende Regeln für die Mitarbeiter der Jugendhilfe St. Elisabeth wurden gemeinsam mit den Kindern und Jugendlichen erarbeitet. Die Einhaltung und Umsetzung bietet allen Beteiligten im Alltag Sicherheit und Orientierung.

Von den Kindern und Jugendlichen geschilderte alltägliche Situationen und Beispiele wurden zum Anlass genommen, verbindliche Regeln für die Mitarbeiter zu entwickeln.

Ein Jugendlicher fühlt sich vom Mitarbeiter nicht ernst genommen.

Regel Mitarbeiter müssen aufmerksam und ernsthaft die Anliegen und Bedürfnisse der Betreuten wahrnehmen!

Kinder möchten nicht von Mitarbeitern angeschrien, geschubst oder geschlagen werden

Regel Kinder werden nicht von Mitarbeitern attackiert!

Jugendliche mögen es nicht, wenn eine sexualisierte Sprache in der Wohngruppe gelebt wird.

Regel Die Mitarbeiter sorgen für eine angemessene Gesprächsatmosphäre und einen angemessenen Umgangston!

Ein Kind möchte nicht, dass man ihm zu nahe kommt. In Begrüßungs- und Abschiedssituationen empfindet ein Jugendlicher die körperliche Nähe zum Mitarbeiter als unangenehm.

Regel Die Mitarbeiter halten eine körperlich professionelle Distanz zu den zu Betreuenden und respektieren die persönlichen Grenzen der Kinder!

Wenn Jugendliche sich in ihren Zimmern aufhalten, möchten sie nicht, dass Mitarbeiter ohne Anklopfen oder ohne Aufforderung zu schnell ins Zimmer kommen.

Regel Kein Mitarbeiter betritt ohne anzuklopfen und unaufgefordert ein Jugendzimmer (außer in Krisen)!

Kinder und Jugendliche mögen es manchmal nicht, wie ihnen „Gute Nacht" gesagt wird.

Regel Mit jedem Betreuten werden individuelle Zu-Bett-Geh-Rituale erarbeitet. Die Selbstbestimmung der Betreuten ist zwingend zu beachten. Die Bettkante gehört dem Betreuten!

Jugendliche beschweren sich über morgendliche Weckrituale.

Regel Mit den Betreuten werden individuelle Weck-Rituale vereinbart!

Kinder wollen bei Freunden innerhalb oder außerhalb der Gruppe/Einrichtung übernachten.

Regel Übernachtungswünsche der Kinder müssen frühzeitig im Team und mit Leitung besprochen, beraten und entschieden werden!

8. LITERATURLISTE

Abrahamczik, V./Hauff, S./Kellerhaus, J./Küpper, S./Raible-Mayer, C./ Schlotmann, H.-O. (2013). Nähe und Distanz in der (teil)stationären Erziehungshilfe. Eine Ermutigung in Zeiten der Verunsicherung (Arbeitstitel). Lambertus Verlag.

Bange,D./Deegener,G. (1996) „Sexueller Missbrauch an Kindern" Weinheim; PVU.

Bethanien Kinderdörfer gGmbH (2006). Leitfaden zur Prävention von und zum Umgang mit (sexueller) Gewalt in den Bethanien Kinder- und Jugenddörfern. Schwalmtal.
Bundeskinderschutzgesetz (2012).

BVKE, Forumskonferenz III, „Nimm mich in den Arm aber fass mich nicht an" Nähe und Distanz in der (teil)stationären Erziehungshilfe. Versuch einer Ermutigung in Zeiten der Verunsicherung (2013).

Cierpka, M. (2008). Möglichkeiten der Gewaltprävention (2. Aufl.). Göttingen: Vandenhoeck & Ruprecht.

Die deutschen Bischöfe – Kommission für Erziehung und Schule, Nr. 32. Handreichung „Prävention von sexualisierter Gewalt an Kindern, Jugendlichen und jungen Erwachsenen" (2010) Bonn.

Enders, U. (2011). Grenzen achten Schutz vor sexuellem Missbrauch in Institutionen. Ein Handbuch für die Praxis. Köln: Kiepenheuer & Witsch.

Enders, U. (2003). Zart war ich, bitter war's: Handbuch gegen sexuellen Missbrauch. Köln: Kiepenheuer und Witsch.

Haller, M., & Sozialressorts der Steiermärkischen Landesregierung. (1998). Gewalt in der Familie: Ergebnisse einer soziologischen Studie in Zusammenarbeit mit Sozialeinrichtungen, Polizei und Gericht. Graz: Leykam.

Jugendhilfe St. Elisabeth (2013). Broschüre „Deine Rechte in der Jungendhilfe St. Elisabeth" und Broschüre „Jugendhilfe Leitlinien".

Meyer-Deters, W.: Bundesweite Fortbildungsoffensive 2010 – 2014 DGfPI.

Niedersächsisches Ministerium für Soziales, Frauen, Familien und Gesundheit (2007). Gewalt gegen Kinder - Leitfaden für Früherkennung, Handlungsmöglichkeiten und Kooperation in Niedersachsen. Hannover.

Präventionsordnung Erzbistum Paderborn (2011): Ordnung zur Prävention von sexuellem Missbrauch an Minderjährigen für das Erzbistum Paderborn (Präventionsordnung – PrävO PB).

Programm Polizeiliche Kriminalprävention der Länder und des Bundes (2010). Kinderschutz geht alle an! Stuttgart.

QM-Handbuch der Kath. St.-Johannes-Gesellschaft Dortmund gGmbH (2012).

UN Kinderrechtskonvention (1990).

Vereinbarung gemäß § 8a Abs. 2 SGB VIII vom 03.01.2008 zwischen dem Dortmunder Jugendamt und der Jugendhilfe St. Elisabeth

Weltgesundheitsorganisation (2003). Weltbericht Gewalt und Gesundheit - Zusammenfassung.

Wais, M./Gallé, I. (2008). ... der ganz alltägliche Missbrauch: Aus der Arbeit mit Opfern, Tätern und Eltern. Stuttgart: Mayer.

Weitere Veröffentlichungen zu Fach- und Präventionsthemen der win2win-gGmbH in Oldenburg finden Sie unter:
www.win2win-ggmbh.de

Achte die Grenzen
eines jeden Menschen